聖母マリアのカンティーガ

中世イベリアの信仰と芸術

菊地章太

サンパウロ

［図 1］エル・エスコリアル写本 T、4 葉裏（*Edición facsímil del códice T.I.1*, 1979）

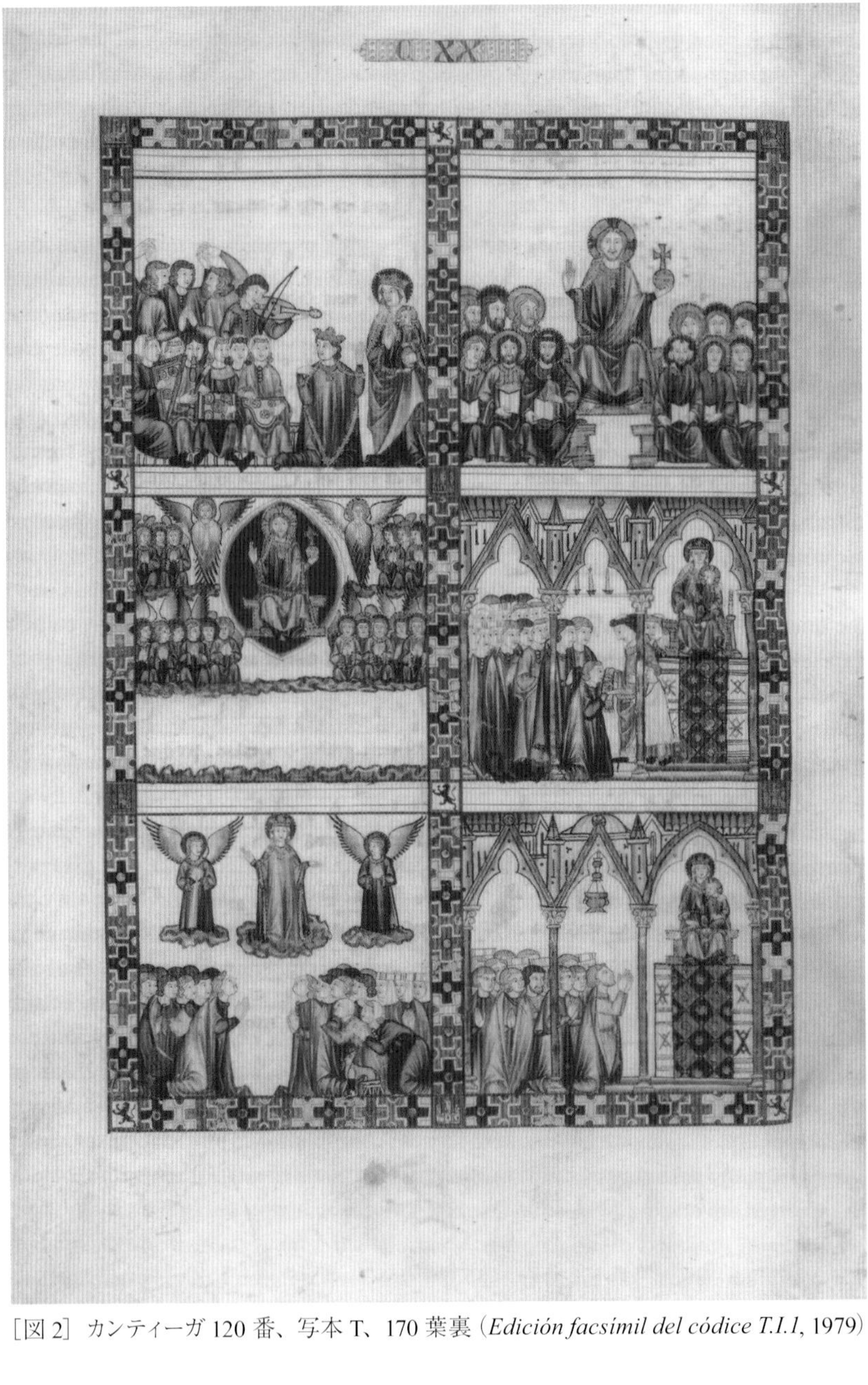

[図2] カンティーガ120番、写本T、170葉裏（*Edición facsímil del códice T.I.1*, 1979）

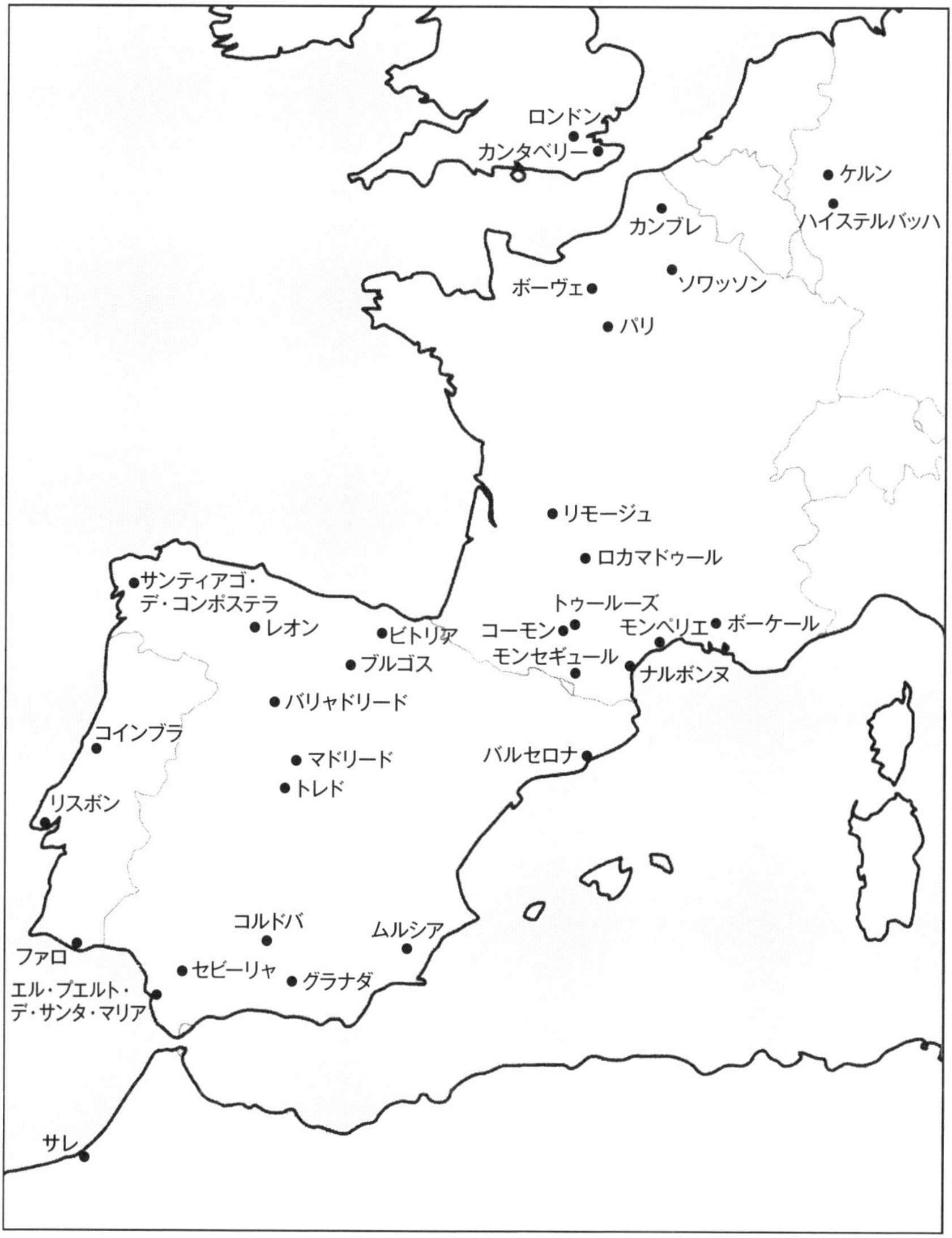
ロンドン
カンタベリー
ケルン
カンブレ
ハイステルバッハ
ボーヴェ
ソワッソン
パリ
リモージュ
ロカマドゥール
トゥールーズ
サンティアゴ・
デ・コンポステラ
レオン
ビトリア
コーモン
モンペリエ
ボーケール
ブルゴス
モンセギュール
ナルボンヌ
バリャドリード
コインブラ
バルセロナ
マドリード
トレド
リスボン
コルドバ
ムルシア
ファロ
セビーリャ
グラナダ
エル・プエルト・
デ・サンタ・マリア
サレ

ヨーロッパ地図

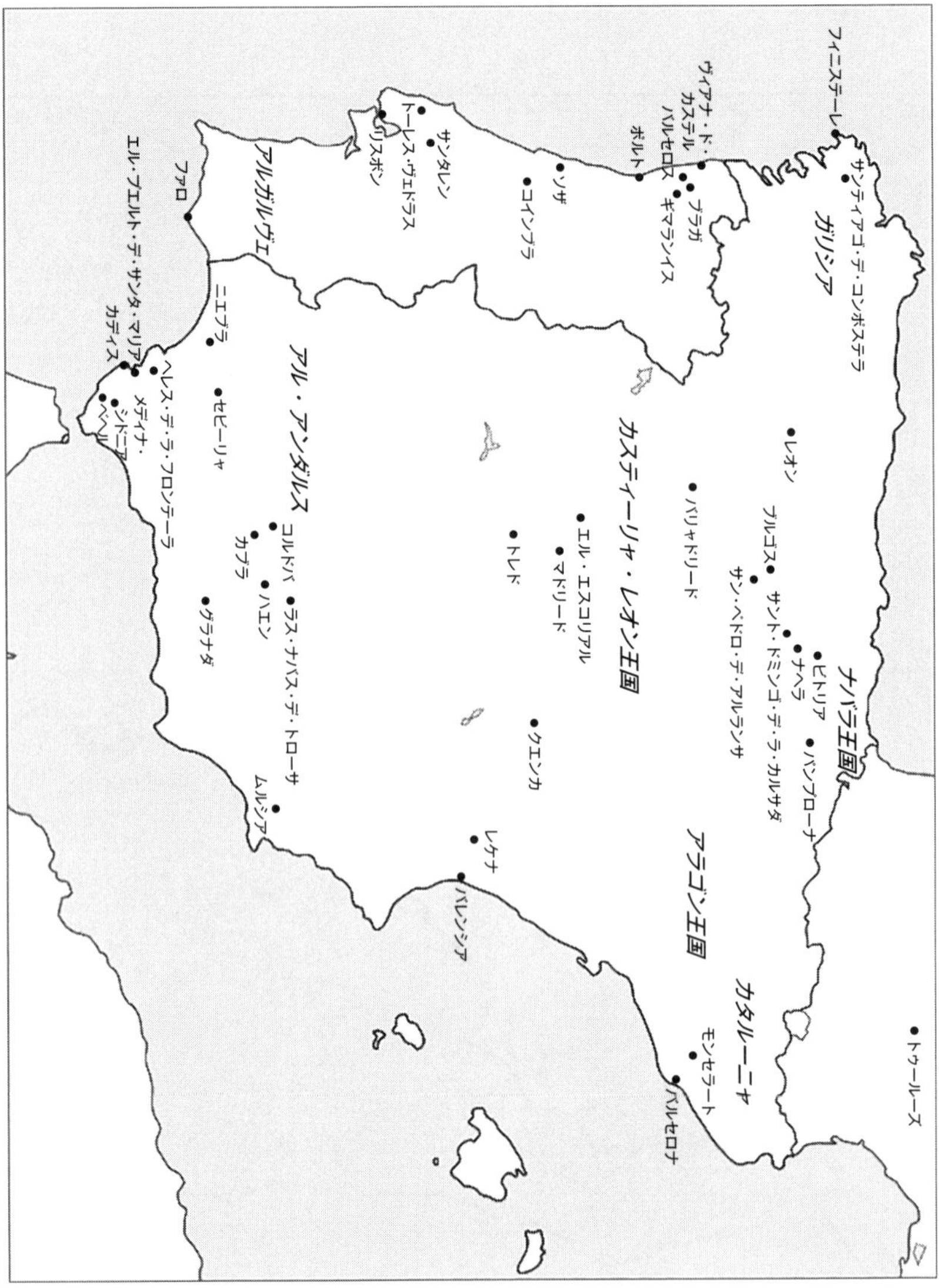
フィニステーレ
サンティアゴ・デ・コンポステラ
ガリシア
ヴィアナ・ド・カステル
バルセロス
ポルト
ブラガ
ギマランイス
ソザ
コインブラ
サンタレン
トーレス・ヴェドラス
リスボン
アルガルヴェ
ファロ
エル・プエルト・デ・サンタ・マリア
カディス
ニエブラ
ヘレス・デ・ラ・フロンテーラ
メディナ・シドニア
セビーリャ
アル・アンダルス
コルドバ
カブラ
ハエン
グラナダ
ラス・ナバス・デ・トローサ
ムルシア
カスティーリャ・レオン王国
レオン
バリャドリード
エル・エスコリアル
マドリード
トレド
クエンカ
ブルゴス
サン・ペドロ・デ・アルランサ
サント・ドミンゴ・デ・ラ・カルサダ
ナヘラ
ビトリア
ナバラ王国
パンプローナ
アラゴン王国
レケナ
バレンシア
カタルーニャ
モンセラート
バルセロナ
トゥールーズ

イベリア地図

はじめに――信仰と芸術の遺産

一三世紀にイベリア半島の中ほどにあったカスティーリャ・レオン王国の王アルフォンソ一〇世は、聖母マリアをたたえたカンティーガと呼ばれる詩歌を集成した。『聖マリアのカンティーガ集』と通称される。定まった訳語はなく「聖母マリアの讃歌集」あるいは「頌歌集」ともいう。カトリックでは「賛歌」の表記が一般的なので、『聖母マリア賛歌集』(もしくはこれをつづめて『賛歌集』)と記すことにしたい。『聖母マリア賛歌集』は四二〇篇のカンティーガを収める。そのひとつひとつに曲を付し、写本に楽譜が記してある。詩歌の内容を視覚化した挿画も添えられ、中世イベリアの聖母信仰と文学・音楽・美術が一体化した貴重な遺産となっている。

アルフォンソ一〇世は父フェルナンド三世を継いで一二五二年に即位し、八四年に没するまで「賢王」と仰がれた。『賛歌集』の編纂は王の没年までに完了したと考えられている。王はほかにも歴史書、法典、天文学書から遊芸の書まで、さまざまな分野の書物を編纂した。いずれも当時の俗語である中世カスティーリャ語で書かれているが、『賛歌集』だけはガリシア゠ポルトガル語でつづられた。これは現在のスペイン北西部のガリシア州とポルトガル北部で用いられた言葉で、一三世紀には抒情詩の表現にふさわしい文学言語として重用されていた。

ガリシア＝ポルトガル語は文字だけ見れば現代ポルトガル語にいくらか近い。そこから想定される音の響きは、のちに標準スペイン語になるカスティーリャ語にくらべてずっと柔らかいものであったろう。曲は現代とは異なる記譜法で記されているが、いくつかは音楽学者の復原を経て古楽の専門家による演奏もおこなわれている。そこにはイスラーム音楽の香りが色濃くただよっている。アルフォンソ王の宮廷にはキリスト教徒とともにイスラーム教徒やユダヤ教徒の詩人・音楽家が活動していた。学芸への愛好に満ちた環境のもとで、異なる宗教の詩や音楽の技法を取り入れながら聖母のカンティーガが語り出されたのである。

本書はこの『賛歌集』の中から次の五つの主題にふさわしい数篇のカンティーガを選んで読み解き、そのうえで主題ごとの魅力を探る試みである。第一章では聖母のカンティーガが理想としたものをたどる。本篇に先立つ序詩と「賛美の歌」と名づけられた作品を読みながら、詩の韻律とその起源にもふれたい。第二章では聖母の奇跡を語るカンティーガを取りあげる。同じ主題をあつかったヨーロッパのほかの地域の俗語文芸との比較をもとに、イベリアの宗教的心性を明らかにしたい。第三章では聖母マリアの聖地にちなむカンティーガを取りあげる。奇跡の起きる場の生成のありようを写本挿画の描写もまじえて理解したい。第四章ではアルフォンソの生涯を語るカンティーガを取りあげる。学芸への偉大な貢献にもかかわらず王の後半生は挫折の連続であり、その苦悩のあとを詩句のなかに読み取りたい。第五章では聖母の祝祭のカンティーガをカトリック神学の視点から考える。聖母の信仰は近世以降のスペイン・ポルトガルにおいてヨーロッパのどの地域もおよばないほどに高揚したが、その源泉を詩句の記述に即して探りたい。

以上の探求をもとに、聖母のカンティーガに現れた中世イベリアの信仰と芸術のさまざまなありようを明らかにしていく。

目次

第三章　聖地巡礼のカンティーガ

第一章　カンティーガのめざすもの

一　アルフォンソ王の編纂書

アルフォンソ一〇世による書物の編纂活動を見渡し、その中で『賛歌集』が占める位置について考えてみたい。王の活動の軌跡をたどるには当時の時代背景を押さえることが大事である。まずはイベリアにおけるイスラームの伝播から説き起こそう。

七世紀初めにイスラームが成立してわずか百年後にその勢力は北アフリカの大西洋岸におよんだ。七一一年にジブラルタル海峡を越えてイベリア半島に侵入し、またたく間に半島のほとんどを制圧する。七五〇年にアッバース朝が成立すると、シリアのウマイヤ家は北アフリカに逃れ、七五六年にイベリアに渡って後ウマイヤ朝を開いた。コルドバが首都となり、正統カリフを名乗るイスラーム王朝が東西に並び立った。一〇世紀にコルドバは繁栄の最盛期を迎え、そこで開花した学問と芸術は、当時のヨーロッパのほかの地域では想像もできないほどの精緻と洗練を示した。一一世紀はじめに後ウマイヤ朝は崩壊し、その前後からレコンキスタと呼ばれる失地回復運動が本格化していく。

かつてイベリア全体の首座大司教座が置かれていたトレドの町を一〇八五年にキリスト教軍が奪回した。一二世紀になると大司教ライムンドがここに翻訳者集団を組織する。イスラーム世界の学術文献に加え、アラビア語を介して伝わったヨーロッパの古典古代の書物も翻訳の対象となった。イスラームの支配地に残留したキリスト教徒はモサラベと呼ばれ、アラビア語を解する改宗ユダヤ人ともども翻訳作業に貢献した。当初はアラビア語文献をまずカスティーリャ語に翻訳し、それをさらにラテン語に重訳したと考えられている。のちにはラテン語に移し換えずカスティーリャ語のみが用いられるようになる。一三世紀のアルフォンソ一〇世の時代になると、イベリアはヨーロッパの国々に先駆けてラテン語のくびきから脱し、文学はもとより公文書にも俗語を使用する先進地域となった。

俗語使用の契機として、イスラーム化された地域ではラテン語を使用する機会が減少したこと、改宗ユダヤ人がカトリック教会の典礼言語であるラテン語に好意を示さなかったことなどが指摘されている。しかしそれにもまして重要なのは、一国の王がみずから俗語の使用を推進したことだろう。『アボラージャの宝石の書』の序文にその理由が語られている。「アラビア語をカスティーリャの言葉に移すのは、人々がそれをより以上に理解し、もっと利用できるようにするためだ」という［Niederehe, 2008, p.15］。

アルフォンソ王の編纂書の特徴は俗語の採用に加え、百科全書的なスケールで中世の知の領域を開拓したことである。自然界の認識に始まり、人間界の過去の事績をかえりみて、現在の社会秩序の構築におよぶ。こうした王の活動はまず翻訳事業からスタートした。一二五一年にアラビア語の寓話集『カリーラとディムナ』が翻訳され、一二五九年にはアラビアの天文学書『十字星の書』のカスティーリャ語訳が完成する。ついで法制度の整備へ向けて、一二五五年ごろに『カスティーリャ王室典範』が編纂され、さらに翌一二五六年から『七部法典』の編纂が開始された。歴史の探究は、一二六〇年以降『イスパニア総合年代記』が書き継がれ、一二七〇年からはトレド翻訳集団の協力を得て『大世界史』の一大企画が始動する。自然科学の分野では、一二七二年に『アルフォンソ天文表』が書かれ、一二七八年には天文学書を集成した『天文学の知識の書』が完成した。遊芸に関してもアラビア起源の事物への関心から『チェスとサイコロと遊戯盤の書』が書かれている。

王にとって偉大な先駆者ともいえる君主が三世紀前のアル・アンダルス、現在のアンダルシアにいた。九六一年に後ウマイヤ朝第二代カリフとなったアル・ハカム二世は、父アブド・アッラフマーン三世の跡を継いでイベリアのイスラーム王朝の全盛期を築いた人である。その治世のもとでコルドバはバグダードをしのぐほどの規模となり、ヨーロッパのキリスト教国に卓越する高度な文化が興隆した。当時のイスラーム世界で最大の図書館を設置し、蔵書は四〇万冊を超えたという。古典籍を収集するため学者を中東に派遣し、また中東から多くの学者が招かれている。

カリフの関心は学術全般にわたり、神学、法学、修辞学、歴史学、天文学、医学におよんだ。ギリシア語文献をアラビア語に翻訳させ、みずから注釈を施した。注目すべきは俗語の文芸を開花させたことである［Lévi-Provençal, III, 1999, p.501］。アラビア語でザジャルと呼ばれる民衆詩の詩法は九世紀以降に成立しているが、発展を遂げたのはこのカリフの時代だった。のちにカスティーリャ語でセヘルと名づけられたそれは、後述するとおり『賛歌集』の中でもっとも多く用いられた詩法である。アルフォンソ王の旺盛な知的活動は、このイスラームの君主にならったところが大きいと思う。

王の名においてなされたあまたの編纂書の中に『賛歌集』を置いてみたとき、その独自性のひとつとして、使用言語がほかの書物と異なり、当時の文学言語であったガリシア＝ポルトガル語が選択されたことがあげられる。しかしそれ以上に注目すべきは、王の生涯にかかわる事実がここで大きく取りあげられたことである。のみならず王がみずから書き記したカンティーガも存在する。王自身の言葉と思われるものはほかの書物にも散見されるが、当時の一個人が抱いた信仰の肉声が聞こえるという点では、これがほとんど唯一の書物といってよいであろう。

二　カンティーガの諸本

今日に伝わる『聖母マリア賛歌集』の写本は以下の四点である。

［一］トレド大聖堂旧蔵、現マドリード国立図書館所蔵写本一〇〇六九番（写本To）
［二］サン・ロレンソ・デ・エル・エスコリアル王立図書館所蔵写本T-I-一番（写本T）
［三］サン・ロレンソ・デ・エル・エスコリアル王立図書館所蔵写本j-b-二番（写本E）
［四］フィレンツェ国立中央図書館所蔵写本旧バンコ・ラリ二〇番、現Ⅱ-Ⅰ-二一三番（写本F）

トレド写本To［一］は一八六九年までトレド大聖堂に所蔵されていた。羊皮紙一六〇葉から成り、各葉二列二七行で文字を記す。一葉目の表［図3］にカンティーガAと通称される序詩を置き、つづいてカンティーガ一番から一〇〇番までの目録を掲載する。次にカンティーガBと通称される二番目の序詩を置き、つづいて一〇〇篇のカンティーガ本篇を収める。そのあとに識語が記される。「ここにドン・アルフォンソ王が聖マリアに祈願し、「聖母の」奇跡と賛美を表した一〇〇篇のカンティーガをたたえる」とある［図

4］。これに聖母の祝祭に関するカンティーガ五篇とキリストの祝祭のカンティーガ五篇がつづき、さらにまた聖母の祝祭の別のカンティーガ一五篇がつづく。

このとおり写本Toは、一〇〇篇のカンティーガに序詩二篇と年間祝祭日にちなむカンティーガ二五篇を加えた書物である。これが編纂当初の状態を伝えると考えられてきた［Paz y Meliá, 1889, p.34］。ただし現存写本の書写年代は四写本のうちではもっとも遅く、一四世紀初頭まで降るという意見もある［Anglés, II, 1943, p.24］。序詩をのぞくすべてのカンティーガに楽譜を付している。挿画は描かれていない。

エル・エスコリアル写本T［二］は羊皮紙二五六葉から成り、各葉二列四四行で文字を記す。冒頭の目録頁が一部欠落したため、現在の一葉目はカンティーガ一四一番の題辞から始まり、二〇〇番の題辞で終わる。次に挿画を置く。三連アーチの中央に王がすわり、羊皮紙を手にしている［図1］。そこには「詩を作るには分別を必要とするのだから、それに着手する者は分別がなければならない」と記してある。これは挿画の下に楽譜とともに掲載されたカンティーガBの冒頭の言葉である。次節で読んでいきたい。

ふたたび別の挿画を置いたのち、カンティーガAを記し、ついで一番から一九五番の途中までを収める。目録は二〇〇番まで掲載してあるから、以下の写本頁は欠落したものと判断できる。二番から二五番までは写本頁の余白に中世カスティーリャ語の散文でカンティーガの内容をパラフレーズした異本を追記してあるが、それ以降は削除された痕跡がある。序詩をのぞくすべてのカンティーガに楽譜と挿画を付している。挿画はすべて全頁大で、八分割の一点をのぞいて六分割場面に統一してある。個々のカンティーガを読んでいくときに該当する図版をいくつか掲載したい。

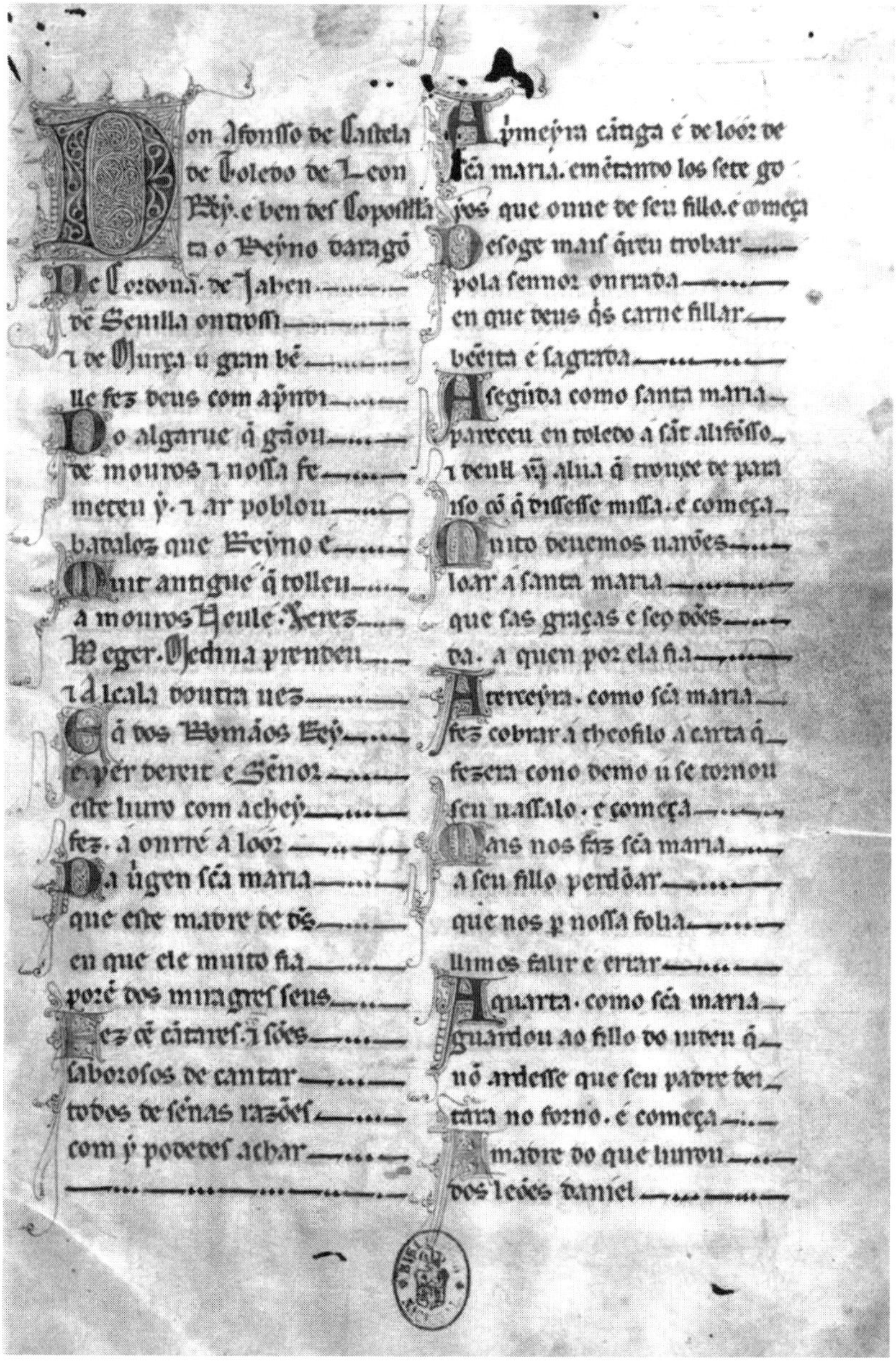

［図 3］トレド写本 To、1 葉表（*Edición facsímile do códice de Toledo*, 2003）

［図 4］写本 To、134 葉表（*Edición facsímile do códice de Toledo*, 2003）

二〇〇篇のカンティーガを集成する計画はトレド写本の原典成立に遅れ、『賛歌集』編纂の第二次の段階に属する〔Mettmann, I, 1986, p.22〕。このときトレド写本にはない挿画を付して、長編のカンティーガを末尾五番の位置にそろえ、「賛美の歌」を一〇番ごとに配した。写本の書写は一三世紀と見なされる。

エル・エスコリアル写本E〔三〕は羊皮紙三六一葉から成り、各葉二列四〇行で文字を記す。冒頭に聖母の祝祭のカンティーガのうち一二篇を収め、ついで一番から四〇一番までの題辞を記す。次に挿画を置いたのち、序詩AとB、および四〇二篇のカンティーガを収める（なお、写本Tоの祝祭のカンティーガの中にはここに含まれないものがある。また四〇二篇中に重複して掲載されたものもあり、『賛歌集』の作品総数は四二〇篇を数える）。写本の成立過程に関しては、次のフィレンツェ写本Fの項目でまとめて述べたい。

カンティーガ一篇ごとに中世の定量記譜法による楽譜が示してある。曲はすべて単声歌であり、中世ヨーロッパにおける最初期の重要な作品と評される〔Anglés, II, 1943, p.33〕。サンティアゴ・デ・コンポステラ大聖堂に伝わる一二世紀の『聖ヤコブの書』は、多声音楽の最初期の楽譜を掲載しており、いずれもイベリア音楽の先進性を証する遺品である。写本Eはさらに一〇篇ごとに挿画を置き、さまざまな楽器の奏者を描いている。総数四〇点の挿画に登場するのは、弦楽器・管楽器・鍵盤楽器・打楽器など多彩である。アラビア起源と思われるものや現代に伝わらないものも数多く含まれる。

フィレンツェ写本F〔四〕は羊皮紙一三一葉から成り、各葉二列四四行で文字を記す。もとは一六六葉あったと推定される〔Aita, 1921, p.189〕。写本の上下が切断されているが、文字面の高さと幅は写本Tと同じで、各列四四行の行数も一致する。写本Eの二四六番に対応するカンティーガの途中から始まり、三二五番に対応するカンティーガで終わる。現状では一〇三篇を収めるが、写本Tと対応するものはない。カンティーガごとに全頁大の挿画が計画されていたようだが、完成したのは四八葉分のみで、残りは制作途中で放棄された。譜線は引いてあるものの音譜は記していない。

一六七七年にディエゴ・オルティス・デ・スニーガが出版したセビーリャの年代記に、この写本について記載がある。「［アルフォンソ王が］その時代の詩にふさわしいガリシアの方言でつづった私たちの貴婦人［すなわち聖母］の歌」の写本であるという［Ortiz de Zúñiga, 1795, p.93］。それは遺言によって王の墓所であるセビーリャ大聖堂に置かれ、のちにフェリペ二世がエル・エスコリアル修道院に納めるまで大聖堂文書館に保管されていた。スニーガはこの写本から五篇のカンティーガを抄出している。いずれも写本Tにはなく、写本Fに記されたものばかりである。写本はやがてフィレンツェのトスカーナ大公の手に移り、一七七一年に大公の寄贈によってマリアベッキアーナ図書館の蔵書となった。一八七七年にスペインの文献学者メネンデス・ペラージョによって改めて『賛歌集』の写本と確認された［Valmar, 1889, pp.50sq.］。八五年にフィレンツェ国立中央図書館に移管されて現在に至っている。

写本Fは二〇〇篇の写本Tを受けたものにちがいない。これをさらに倍の四〇〇篇の集成とする計画のもとに第三次の編纂作業が進められた。しかし王の最晩年には写本の完成がおぼつかないことが懸念されたのではないか。おそらくその段階で、より簡略な体裁の写本Eの作成が企画されたのだろう。写本Fの方は一二八四年の王の死去で工房の作業が停滞したためか、ついに完成には至らなかった。

以上の四点の写本はすべて複製本が刊行されている。校訂本は四点ある。バルマール侯爵校訂のスペイン王立アカデミー版は写本Eを底本とする［Valmar, 1889］。ヴァルター・メットマン校訂のコインブラ大学版も同じく写本Eを底本とする［Mettmann, 1959-72］。これを補訂し、中世カスティーリャ語の異本を付載したのがマドリードのカスタリア社版である［Mettmann, 1986-89］。ラウラ・フェルナンデス他校訂のテスティモニオ社版は写本Tを底本とする［Fernández, 2011］。ここではコインブラ大学版をテクストとして用い、王立アカデミー版とカスタリア社版とテスティモニオ社版を参照した。

三　カスティーリャの王の歌

『聖母マリア賛歌集』には本編に先立って二篇の序詩がある。最初の一篇はカンティーガAと通称される。試訳を以下に示したい（数字は原文の詩行を表す）。

1　ドン・アルフォンソ、カスティーリャの王、
2　トレドの王、レオンの王、
3　そしてコンポステラの地から
4　アラゴン王国までしろしめす王。

コルドバの王、ハエンの王、
同じくセビーリャの王、
そしてムルシアの王、いずれも神が恵みを
もたらした土地。私が知り得たのは、

私たちの信仰を刻みつけるために、
モーロ人から獲得したアルガルヴェの王、
同じく王が征服し、統治した
王国バダホスの王。そこは

いにしえの王国。そして王が
モーロ人から奪還したネブラとヘレスと
ベヘルの王、また別の折りに獲得した
メディナとアルカラの王。

それはローマ人の王として
正当に獲得したところ。

19　この書物が、よきものとして
20　尊《たっと》び、そしてたたえるのは

21　処女《おとめ》聖マリア、
22　神の母であるお方。
23　王は大いに信頼した、
24　数々の奇跡のゆえに。

25　〔王は〕歌詞と旋律を作った。
26　歌うに心地よいそれを。
27　それぞれの題材のすべてを
28　誰もがここに見いだせるように。

『聖母マリア賛歌集』の開巻にあたり、堂々とした序詩が配された。時代はレコンキスタの真っただ中である。アルフォンソ一〇世は父フェルナンド三世の事業を継いでキリスト教軍の攻略した土地を統治した。ここにはカスティーリャ・レオン王国の版図となった都市と領地の名が列挙され、君臨する王の名が示された。『大世界史』にも簡略にそれが語られている。そこには「いとも高貴で、いとも気高く、この歴史書を作った一〇世ドン・アルフォンソ。カスティーリャの王、トレドの王、レオンの王、アンダルシアの王」とある［García Solalinde, 1915, p.284］。

イベリア史の流れから見れば、アルフォンソはレコンキスタの過程で大きな進展に結びつく成果をもたらしはしたものの、父王の成功のかげで、それを乗り越えるほどの戦績をあげることはできなかった。しかしすでに言われてきたとおり、学芸の推進という面では中世イベリアのどんな君主にも勝る巨大な遺産を築いた。この『賛歌集』冒頭の序詩に示されたとおり、聖母マリアをたたえ、その数々の奇跡を後世に伝えるために、王は「歌詞と旋律を作った。歌うに心地よいそれを。それぞれの主題のすべてを誰もがここに見いだせるように」と歌いあげた。二五行目以下の最終詩節に示されたこの決意が聖母のカンティーガ全篇のめざすところにほかならない。

九～一〇行目に「私たちの信仰を刻みつけるために、モーロ人から獲得したアルガルヴェの王」とある。現在のポルトガル、かつての古代ローマの属州ルシタニアの南部をイスラーム教徒はアル・ガルブ・アル・アンダルス、すなわち「アンダルシアの西」と呼んだ。アルガルヴェという地名はこの言葉の前半がもとになっている。

ポルトガルでは初代国王アフォンス一世の時代にコインブラを拠点としてレコンキスタが進展し、一一四七年にはリスボン攻略に成功した。第五代アフォンス三世は一二四九年にアルガルヴェ最南端の都市ファロを陥落させ、イベリア西部のレコンキスタを終結させる。その後カスティーリャ・レオン王国がこの地域の領有権を主張した。アルフォンソ一〇世は一二六二年にグアディアナ川の東に位置する旧都ニエブラを攻略する。一四行目に「〔王が〕モーロ人から奪還したネブラ」とあるのがそれに該当する。一二六七年にグアディアナ川を国境線に画定するまでその領有がつづいた〔González Jiménez y Carmona Ruiz, 2012, p.53〕。次に記してあるのは現在のヘレスとベヘルとメディナ・シドニアであろう。王への服属は一二六四年以降とされる。

一七行目に「ローマ人の王」とある。これは神聖ローマ帝国の皇帝を意味する。アルフォンソの母ベアトリスはスワビア家の出身でドイツ皇帝の血統につらなる。それを頼みとして大空位時代の一二五七年に帝位を要求して選出された。このとき二重選挙がおこなわれ、コーンウォール伯リチャードも同時に選出されている。一二七二年にリチャードが亡くなると、教皇庁の庇護するハプスブルク家のルドルフ一世が神聖ローマ皇帝に即位した。一二七五年にアルフォンソは南フランスまで出向いて教皇グレゴリウス一〇世に謁見したが、帝位の要求は断念せざるを得なくなった。王は病を得て帰国し、それから苦しい晩年を迎えることになる。「ローマ人の王」を名乗れた時代もこれによって限定できるだろう。

二五行目に「〔王は〕歌詞と旋律を作った」とある。トレド写本Toには「〔聖母の〕奇跡と賛美を表した一〇〇篇のカンティーガ」とあった。先に述べたとおり、これが最初の本文を伝えるものと考えられている。当初の計画では一〇〇篇のカンティーガ集であったが、やがてエル・エスコリアル写本Tの段階で二〇〇篇の集成に拡大し、最終的に四〇〇篇以上もの分量にふくれあがった。

四　聖母のトロバドールに

序詩の第二篇はカンティーガB「聖マリアのトロバドールとして」と通称される。試訳を以下に示したい。

これは聖マリアのカンティーガ集の序詩であり、
詩を作る仕事にとって必要なことを書き記した。

詩を作るには分別を必要とするのだから、
それに着手する者は分別と、そして
ゆたかな知性がなければならない。

それだから理解して語ることができるのは、
理解し得たことと、そして語るのを望むこと。
よい詩はそのようにして作られるのだから。

たとえこのふたつを備えることができずとも、
それでもなお、めざすところまで進んで、

知ることができたわずかなことでも示したい。
知恵をもたらしてくれる主なる神を信頼し、
主の恵みによって示せるのではないか。
私が探し求めることのいくつかを。

そして私が求めているのはたたえること。
私たちの主の母である処女《おとめ》
聖マリアを。それは主の造りたもうた
最高のお方。今からのち、私は
このお方のトロバドールになりたい。
願いは私を認めてくださること。そのお方の

詩人として。そして私の詩作を受け取って
くださること。それを通じて私は示したい、
そのお方がなされた奇跡を。そのうえで
これからは、ほかの婦人のために詩を作ることを
やめて、それによって、ほかの婦人方［の愛］を

失っても、すべてを取り戻せると信じている。
なぜなら、この貴婦人への愛は、それを抱く者が
ますます価値あるものになるのがつねだから。
いったんそれを得たなら失うことはない。
善を捨て悪をおこなうなどという
そのような大きな過ちをのぞくなら
それを失う理由などほかにない。

それだから、私はこのお方から離れない。
私は信じている。心をこめてお仕えするならば、
ご加護を失うことは決してないと。
誰もそれを失ったことなどないのだから。
敬虔にご加護を求めた者ならば。
そうした願いをいつも聞いてくださるのだから。

ここに祈ろう。もしもこのお方が望まれ、

40　私の歌で語り得たことがお気に召したなら、
41　もしもそれが喜びとなるのであれば、
42　愛する者たちに褒美をあたえるように、
43　私に報いてくださるよう祈ろう。それを知る者は
44　このお方のために喜んで詩を作るだろう。

カンティーガBは詩作する者が抱くべき心構えを示している。そのうえで作者は聖母マリアのトロバドールになることが望みだという。一八〜一九行目に「今からのち、私はこのお方のトロバドールになりたい」とある。この詩の核心はここにある。

トロバドールはフランス語のトゥルバドゥールにあたる言葉で、一二世紀の南フランスに現れた詩人たちをいう。吟遊詩人あるいは吟唱詩人と訳される。この語の動詞形はトロバールである。題辞の二行目に「詩を作る仕事にとって必要なこと」とあり、この動詞が用いられている。ここでは「詩を作る」と訳したが、原文には「詩」という目的語は記されていない。

トロバールの本来の意味は「発見する」ことと「発明する」ことである［Bloch et Wartburg, 1975, p.654］。つまり「見つける」と「作る」の両義がある。名詞形トロバドールは後者の「作る」の方を受けており、「作る人」のことだが、では何を作るのか。

この場合、『賛歌集』全体の中でこの言葉がどのような意味で使われているかが問題となるだろう。中

世ガリシア＝ポルトガル語の辞書には『賛歌集』から語彙を採取したものがある［Calvalho da Silva, 2001］。しかし辞書の説明では一般的な語義が知られるだけである。これは古い文献を読むときの常道だが、ひとつの作品において、ある語がもつ意味の範囲を特定するには、実際の用例をもとに検証していく以外に方法はない。

　題辞二行目の「作る」は詩を作ることか、それとも歌を作ることなのか。ここではそのいずれも可能であり、同じように解釈できる用例がほかにもある。

　カンティーガ一番に「今より私は詩を作りたい。ほまれ高い婦人のために」とある。ここも「詩を作る」と訳したが、「ほまれ高い婦人」すなわち聖母のために「歌を作る」と訳しても、なんらさしつかえない。二六〇番に「もしあなたが詩を作ることができるなら、それによってあなたは神を知るだろう」とある。「神を知る」（「神を［心に］抱く」とも訳せる）には、詩を作ることも歌を作ることも道筋として可能である。二九五番に「それから［聖母像を］祭壇の上に置いた。さらにそのお方のために詩を作った」とある。トロバドールの作詩も作曲もともに彫刻家の仕事に匹敵するであろう。

　以上の用例はかならずしもどちらか一方には限定できず、作詩と作曲の両義に解することが可能だった。ところがカンティーガの中にはそれが不可能な用例もある。三一六番に「生きているあいだは今日からのち、私は決してほかの女性のために詩を作り歌を作ることはしない」とある。ここでは「詩を作る《トロバール》」と「歌を作る《カンターレ》」が並記されている。前者の「トロバール」は作詩と解するほかない。

　それでは「歌」の方は意味が特定されているかというと、この言葉が曲すなわち旋律を作ることと並記された場合がある。すでに見たカンティーガAには、「［王は］歌詞と旋律を作った」とあった。原文には「カンターレ」と「ソンス」とある。前者は曲ではなく詩ということになる。

『賛歌集』はひとりの詩人の作品でないことはもとより、長い時間をかけて集成されたものである。ひとつの言葉の意味も、それが包括する意味の範囲もつねに一定というわけではなく、ゆらぎがある。これはどんな書物でも避けて通れない。ただ、その言葉がどれだけの意味の広がりを含むか、あるいはどんな言葉と使い分けられているかは押さえておく必要がある。そのうえで、その文脈にふさわしい訳語をその場に応じて探っていきたい。

カンティーガAはアルフォンソ王を三人称で語っていたが、ここでは王が詩人本人であるかのように一人称で語っている。すなわち王みずから聖母のトロバドールであることを表明したことになろう。これには先例がある。カスティーリャ語で『聖母の奇跡集』を書いた修道士ゴンサロ・デ・ベルセオは「聖ドミンゴの遍歴芸人」を名乗った。没年は一二六四年頃とされる。これに遅れて、イタリア語でラウダリオ（すなわち聖歌集）を編纂したフランシスコ会の修道士ヤコポーネ・ダ・トーディは「神の遍歴芸人」を名乗った［Filgueira Valverde, 1985, p.8］。没年は一三〇六年である。いずれも俗語を用いて神をたたえ聖者をたたえた人々である。

五　薔薇《ばら》の中の薔薇

カンティーガ一〇番は主題の詩句「薔薇の中の薔薇」の名で呼ばれる聖母の賛歌である。『賛歌集』では一〇番ごとに「賛美の歌」が配されており、このカンティーガはその最初に位置する。歌の内容と形式ともに「賛美の歌」全四〇篇のうちでもっとも優美な作品として愛好されてきた。

冒頭に題辞を置き、ついでエストリビージョと呼ばれる反復句《リフレイン》を置いて、各詩節の末尾でこれをくりかえす（反復句は一字下げで示した。以下も同様にする）。先に読んだ二篇の序詩にはないものだが、これが『賛歌集』の一般的な形式である。試訳を以下に示したい。

これは聖マリアがどれほど美しく心優しく力ある方かを賛美する歌。

　薔薇の中の薔薇、花の中の花、
　婦人の中の婦人、貴婦人の中の貴婦人。
うるわしく形よい薔薇、
喜ばしく心地よい薔薇、

6 慈しみにあふれた婦人、
7 苦しみも痛みも取り除いてくださる貴婦人。
8 　薔薇の中の薔薇、花の中の花……

9 そうした貴婦人を心から愛することが大切。
10 どんな悪からも人々を守ってくださり、
11 罪をゆるしてくださるのだから。
12 悪い誘惑にはまってこの世で犯した罪を。
13 　薔薇の中の薔薇、花の中の花……

14 私たちはこのお方を慕って仕えることが大切。
15 罪を犯さぬよう努めて私たちを見守り、
16 過ちを悔やむようにしてくださるのだから。
17 罪人《つみびと》である私たちが犯した数々の過ちを。
18 　薔薇の中の薔薇、花の中の花……

19 この婦人をわが貴婦人と思い定め、

そのトロバドールに私はなりたい。
何があろうとその愛を得られるなら、
ほかの愛など悪魔に渡してしまおう。
　薔薇の中の薔薇、花の中の花……

　全部で五回くりかえされる「薔薇の中の薔薇」という言葉の響きのよさ、そのイメージのはなやかさ、聖母をたたえるトロバドールになりたいという思いの一途さが印象的である。

三行目「貴婦人」と訳した言葉の原語は「主人」あるいは「紳士」を意味する語の男性形で、キリストに対しては「主」と訳すべき言葉である。ところが聖母のカンティーガでは、しばしばマリアをこの語で呼んでいる。後述する中世カスティーリャ語の異本では女性形になっており、「女主人」あるいは「貴婦人」の意である。

　ここを「貴婦人」と訳すべきことは一九行目以下からも明らかだろう。「この婦人をわが貴婦人と定め、そのトロバドールに私はなりたい」とある。これに先行するフランスのトゥルバドゥールの作品でも貴婦人をあえて男性形で呼んでいる。彼らが歌ったのは宮廷社会における恋愛である。若い未婚の女性に対する恋心ではない。身分の高い既婚の貴婦人に対して名も告げずに愛慕の思いをささげる。そうした秘めた喜びと苦しみを歌いあげたのが彼らの抒情詩である。これは中世の騎士道の精神にかなっていた。意中の女性を「わが貴婦人」と定め、その名誉のために命をかけて戦いにおもむく。こうした伝統がヨーロッパでは長くつづいた。ドン・キホーテが「わが思いの姫」を慕ったごとくである。

このカンティーガでは詩人が聖母を「わが貴婦人」と思い定め、その愛を詩につづることをおのが使命とした。つづく二一〜二二行目に「何があろうとその愛を得られるなら、ほかの愛など悪魔に渡してしまおう」とある。愛の覚悟もここに極まった。

エル・エスコリアル写本Tの余白には、中世カスティーリャ語によるカンティーガの異本二四篇が追記されている。これはアルフォンソ王の次男で王位を継いだサンチョ四世の時代に付された。在位は一二八二年から九五年までである。一〇番の異本もそこに含まれる。ガリシア＝ポルトガル語による原作を異なる言語でパラフレーズしたものである。試訳を以下に示したい。


この歌物語は、いとも聖なる、いとも気高く、いとも高貴な聖マリア、大いにあがめられ、神が造りたもうた者の中で誰よりも祝福された、栄光の、聡明なる聖マリア、この天と地の女王が、どれほどに私たちの貴婦人であり、守護者であり、私たちを神にとりなすお方であるのかを語り、かつても今もこれからも、つねに美しさと優しさと、知恵深さと憐れみと慈しみに満ち、至り得るあらゆる徳と善に満ちているのかを語る。そして、薔薇の中の薔薇、花の中の花であり、婦人の中の婦人、貴婦人の中の貴婦人であることを語る。うるわしく形よい薔薇、喜ばしく心地よい花、私たちの苦しみと悲しみを私たちから取り除いてくださる婦人、私たちをどんな悪からも守ってくださり、悪しき誘惑によって私たちが犯した罪をゆるしてくださるのだから、そうした貴婦人を私たちは心から愛すべきことを語る。努めて私たちを見守り、罪人として私たちがおこなった過ちを悔やむようにしてくださるこのお方に、私たちはつねに仕えるべきことを語る。さらにこのお方の愛が得られるように、私たちはつねに励まねばならず、それはほかの〔地上の〕どんな愛もおよぶことのない天上の愛にあふれていることを語る。

原詩で「貴婦人」と訳した箇所はここでは女性形になっており、そのままで「貴婦人の中の貴婦人」と解してよい。フランスの抒情詩からつづく伝統はもはや失われた。ただ、見方を変えれば、カンティーガでは「主」とすべきほどに聖母崇拝が高揚していたのが、やや時代が降ると世俗的なレベルに降下したと言うこともできる。

最後の文章、すなわち「ほかの〔地上の〕どんな愛もおよぶことのない天上の愛にあふれている」とあるのは、原詩に「ほかの愛など悪魔に渡してしまおう」とあるのに対応するが、言葉の穏やかさにおいて原詩に勝り、思いの強さにおいて原詩に劣るのではないか。

この異本とならんで、カンティーガの内容を視覚的に敷衍《ふえん》したのが、同じ写本Tに付された一〇番の挿画である。ほかの挿画と同様に写本の一葉全部を使い、六場面が展開する〔図5〕。ここでは一段目の向かって左を第一場面とし、右を第二場面、二段目の左を第三場面として同様に進み、三段目の右を最終の第六場面と呼ぶことにしたい。

第一場面には半円アーチの下で赤い薔薇に囲まれた聖母が描かれている。上段の文字は「どのように聖

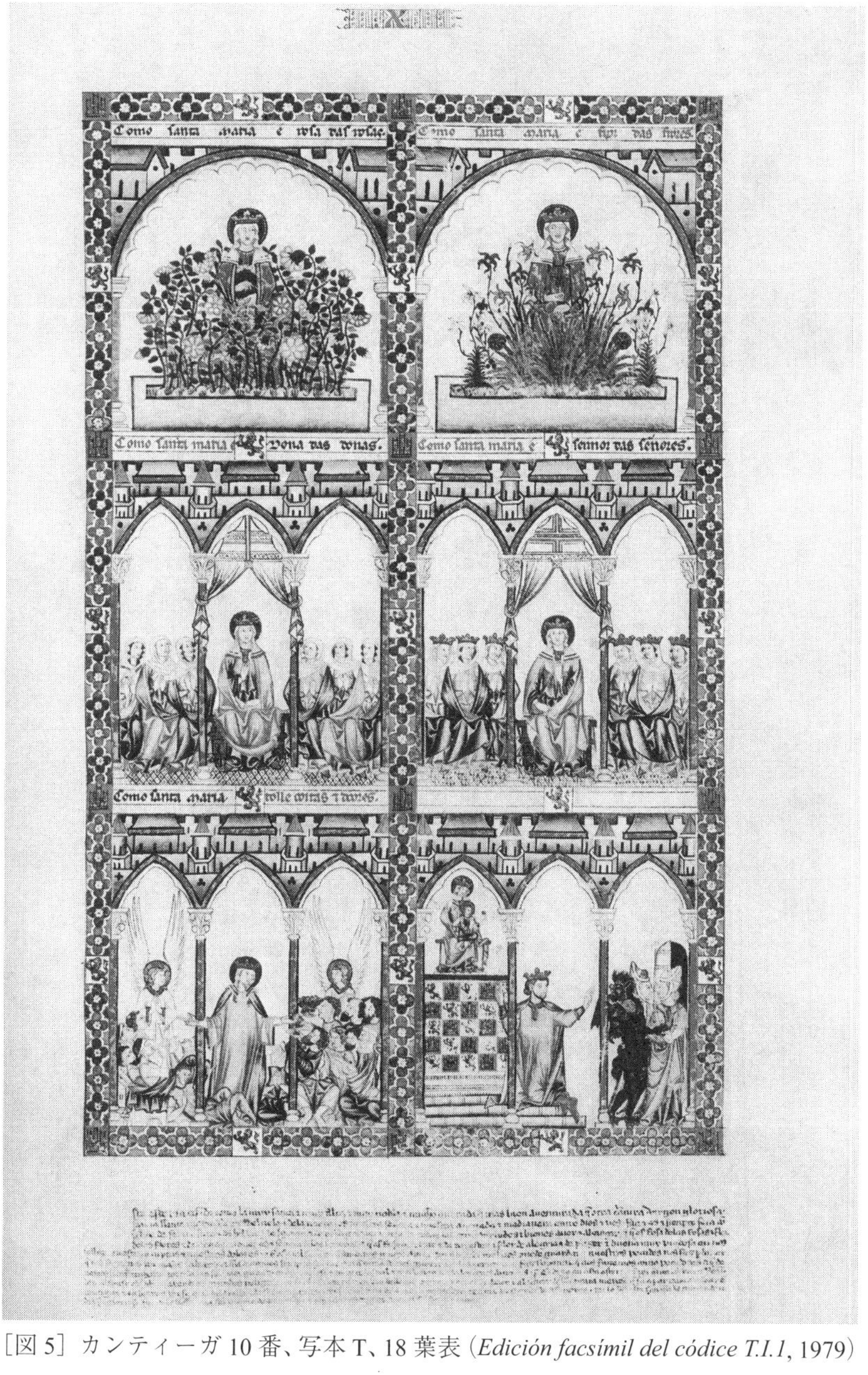

［図 5］カンティーガ 10 番、写本 T、18 葉表（*Edición facsímil del códice T.I.1*, 1979）

マリアは薔薇の中の薔薇であるか」とある。第二場面には色とりどりの花に囲まれた聖母が描かれている。上段の文字は「どのように聖マリアは花の中の花であるか」とある。

第三場面には三分割された尖塔《せんとう》アーチの中央に帳《とばり》をめぐらせ、その下に冠を被った聖母が描かれている。左右に白いベールを被った女性が並ぶ。上段の文字は「どのように聖マリアは婦人の中の婦人であるか」とある。第四場面も同様の表現だが、左右の女性たちも冠を被っている。これは貴婦人であることを示すためか。上段の文字は「どのように聖マリアは貴婦人の中の貴婦人であるか」とある。

第五場面には中央に聖母が立って、両脇の人々に手を延べるさまが描かれている。天使の前で信者が祈り、あるいは聖母の手にすがりつく。上段の文字は「どのように聖マリアは慈しみにあふれているか」とある。

第六場面には台座に載った聖母子像が描かれている。その下に王冠を被った人物がひざまづく。ほかの場面にもしばしば描かれるアルフォンソ王にちがいない。王は悪魔と女性たちを拒絶する。上段に文字はないが、聖母をわが貴婦人と思い定めた詩人が、「何があろうとその愛を得られるなら、ほかの愛など悪魔に渡してしまおう」と語る場面であろう。そうするとこの挿画の制作者は、カンティーガを詩作したのがアルフォンソ王その人だと理解していたことになる。

聖母を花や薔薇にたとえることは東方正教会の聖歌にさかのぼるとされ、一二世紀ごろから西ヨーロッパでも「花の中の花」や「薔薇の中の薔薇」というラテン語の言葉が聖歌に用いられるようになった［Dronke, 1968, p.179］。西ヨーロッパの俗語文芸における最初期の実例は、ゴーティエ・ド・コワンシーの『聖母の奇跡』

に見られる。

ゴーティエは一二二三年ごろから古フランス語による『聖母の奇跡集』を編纂し、一二三六年に北フランスのソワッソンのサン・メダール修道院で生涯を終えた。俗語による聖母の奇跡集成としては、一一八〇年ごろにアドガルがアングロ＝ノルマン語で記した集成につづくもので、五九篇の奇跡物語が二巻の書物にまとめられている。アドガルともども『聖母マリア賛歌集』にあたえた影響は少なくない。次章以降にたびたびふれることがあろう。

『聖母の奇跡集』第一巻の「序詩」はマリアをたたえて、「あのお方は花、そして薔薇である。昼も夜も聖霊がそこに宿り、そこに安らう」と歌っている［Koenig, 1955, p.6］。ついで「敬虔な歌」の八番は次のように歌う。

この小さな花々が咲くのを見て、
今日、歌人たちは歌う。
その花の中に宿る、
あらゆる美しさと、あらゆる貴《とうと》さを。
母であり、そして王［である神］の娘。
薔薇の中の薔薇、花の中の花。

この末尾の詩句がガリシア＝ポルトガル語に移され、アルフォンソ王のカンティーガにおいて主題として用いられた。ゴーティエは「敬虔な歌」九番でも聖母を花にたとえ、「野薔薇の花、百合の花、みずみずしい薔薇、もっともうるわしい花、あらゆる花の中の花である婦人」と歌った［Koenig, 1955, p.48］。カンティーガ一〇番の「貴婦人の中の貴婦人」という表現は、二六〇番でもくりかえされる。題辞に「これは聖母マリアを賞賛する歌」とある。第五詩節までの試訳を以下に示したい。

私に告げなさい。トロバドールよ。
貴婦人の中の貴婦人のことを。
　なぜあなたはたたえないのか。

もしあなたが詩を作ることができるなら、
それによってあなたは神を知るだろう。
なぜあなたはたたえないのか。

命を授ける貴婦人を、
恩恵で満たしてくれるそのお方を。
なぜあなたはたたえないのか。

私たちを惑わすことのないそのお方を、
私たちの苦しみを感じてくださるそのお方を。
なぜあなたはたたえないのか。

どんなよいものにも優るそのお方を、
そのお方によって神がゆるしてくださるだろう。
なぜあなたはたたえないのか。

聖母の力で「神がゆるしてくださる」という最後の言葉はきわめて重要である。罪のゆるしと魂の救いを神にとりなす。これが長い中世を通じてつちかわれた聖母マリアの信仰のありようだった。トレド大聖堂の聖職者ディエゴ・ガルシア・デ・カンポスは、アルフォンソ一〇世の曾祖父八世王の宮廷に仕えた人で、一二一八年にキリスト教神秘主義の著作『惑星』をラテン語で著した。その中でマリアを「御子［キリスト］を通じて神と人との仲立ちとなる聖なる処女」と記している［Martínez Gázquez, 2006, p.372］。カトリック教会で今も唱えられる聖母の晩課《ヴェスペレ》において「われらのためにとりなす方、あわれみの目をわれらに注ぎ……」と歌われるとおりである。

聖母を花の中の花と賛美する詩句の伝統は、カスティーリャ語の詩の世界にも生きつづけた。イータの主任司祭と呼ばれるフアン・ルイスが一三三〇年に著した『よき愛の書』は、神聖と卑俗、正統と異端が混在する作品だが、その中の「聖マリアの賛美の歌」は、アルフォンソ一〇世のカンティーガの世界から流れ出たものだろう［Cejador y Frauca, 1913, p.273］。

私はあなたに仕えたい。花の中の花。
いつもあなたの賛美の歌を歌いたい。
いつまでも変わらず、あなたに仕えよう。
よきお方の中のもっともよきお方よ。

なお、二六〇番の韻律形式は一〇番のそれと異なるだけでなく、多くのカンティーガの中にあっても異質である。次にこの問題を取りあげたい。

六　カンティーガの詩法とその起源

カンティーガ一〇番に用いられた韻律形式はセヘルと呼ばれる詩法にもとづいている。これはイスラーム支配下のアル・アンダルスでムスリムの詩人が開拓したとされる。『賛歌集』に収める四二〇篇のカンティーガの実に八割以上がこの詩法にしたがっており、一〇番はそのもっとも簡潔なスタイルに属する。

セヘルはコルドバの東南の町カブラで生まれた盲目の詩人ムカッダム・ベン・ムアーファが創始したとされる。後ウマイヤ朝の第八代アミールのアブド・アッラーフの治世に活動した人である［Menéndez Pidal, Ramón, 1938, p.340］。アミールの在位は八八八年から九一二年までだから、セヘルはしたがって九世紀の終わりから一〇世紀にかけてアル・アンダルスに現れた詩法と言える。ムカッダムはアラビア語の「民衆の言葉を用いて」詩作したという［López Estrada, 1995, p.227］。

ムカッダムの作品は現存していないが、その詩法がずっとイベリアのイスラーム社会で継承され、アベン・グスマンによって大成された。一一六〇年にコルドバで没した詩人で、アラビア語ではイブン・クズマーンと呼ぶ。彼の作品であるセヘル九九番の冒頭部分を例として、その構造をたどってみたい。校訂者のエミリオ・ガルシア・ゴメスが絶賛した一篇である［García Gómez, 1972, p.512］。試訳はそこに付されたスペイン語訳にもとづく（反復句はこれまでと同じく一字下げで示し、該当する欧文は斜体《イタリック》で示した）。

　誰より粋なあなた、私に話してください。　*Yā melīḥ ad-dunyā qūl*
　どうしてそんなに気まぐれなんですか。　*ʿalāš ett, yā-bnī, malūl.*

私にした約束を大事にしているのなら、　In anā ʿindak waǧīh,
いっしょに暮らしましょう。　tatmaǧǧag min tawaffīh,
あなたはぞんざいに振る舞うけれど、　ṭumma f-aḥlà mā tatīh,

すぐに優しくなれる人だから。　　targǎ ʻannasak wasūl.

セヘルの基本的な形式は次のとおりである。冒頭に二行の詩句が示される。これが反復されるリフレインで、マルカスと呼ばれ、「支え」を意味する。二行とも末尾は同じ韻を踏む。ここでは -ūl である。つづく詩節はもっとも簡単な場合、ここに見るとおり四行から成る。三行目までをアグサーンと呼ぶ。詩行の一連のことで、各行の末尾は同じ韻を踏む。ここでは -īh である。四行目は折り返し句でシムトと呼ぶ。末尾の韻はマルカスと同じ韻を踏む。-ūl である。そのあとふたたびマルカスがくりかえされる。セヘルの韻律形式を記号化して示せば、ＡＡ　ｂｂｂａ　ＡＡとなろう。

内容から言えば、冒頭に示された二行のマルカスがこの作品の主題である。これが冒頭に歌われたのち、ひとつの詩節が終わるごとにくりかえされる。写本に記していなくとも実演ではつねに歌われる。各詩節はマルカスと異なる韻が用いられ、詩節が変わるごとに韻も変わる。しかし詩節の最後の行はかならずマルカスと同じ韻が用いられた。ここで聴衆は、ひとつの詩節が終わってふたたびマルカスが歌われることを予感するだろう。詩節ごとの韻は多様であっても、最後の行がマルカスと同じ韻に戻ることで、作品の主題が全体を束ねているのを音の流れのうちに感じ取れたにちがいない。

セヘルはもと民衆詩の領域から始まったが、やがてこれが宗教詩にも応用される。神秘主義者《スーフィスト》のイブン・アラビーがこの詩法を信仰の歌に取り入れた〔Menéndez Pidal, R., 1960, p.349〕。一一六五年にアル・アンダルスのムルシアに生まれ、一二四〇年に中東のダマスカスで没した人である。これにやや遅れてアルフォンソ一〇世がセヘルを聖母マリアのカンティーガに用いた。一例として二〇〇番を以下に示したい。一〇番と同じく「賛美の歌」のひとつである。

私は聖マリアを［かつて］たたえ、　*Santa Maria loei*
［今も］たたえ、そして［これからも］たたえよう。　*e loo e loarei*

この世で大きな名誉を授けられた　Ca, ontr' os que oge nados
すべての人々のうちでも、　son d' omees muit' onrrados,
彼女はさらなる祝福を私に示されたのだから、　a mi á ela mostrados
そのことを私は今、語ろう。　mais bẽes, que contarei.
私は聖マリアを［かつて］たたえ……　*Santa Maria loei...*

これもセヘルの基本形式にしたがわない。アラビア語のマルカスに該当する冒頭二行のリフレインをカスティーリャ語でエストリビージョと呼ぶ。末尾の韻は -ei である。つづく四行の詩節のうち、三行目までのアグサーンをここではムダンサと呼ぶ。韻は -os である。四行目の折り返し句、すなわちシムトに該当するのはブエルタで、韻は -ei である。そのあと同じ韻のエストリビージョがくりかえされる。写本では第一行のみ示されるが、実際に歌われるときは二行すべてが歌われる。ここでは「たたえる」という動詞を一人称の過去形と現在形と未来形に活用させ、「［かつて］たたえ」と「［これからも］たたえよう」のところで韻をそろえてある。

セヘルはイタリアへも伝わった。フランシスコ会の修道士ヤコポーネ・ダ・トーディは一二三〇年の生まれであり、アルフォンソ王よりも一〇歳ほど若い。そのラウダリオ（聖歌集）は一〇二篇のラウダを収め、その半数の五二篇がセヘルの詩法で書かれている［Menéndez Pidal, R., 1938, p.423］。ラウダは信仰の歌だが、教会で歌われる典礼聖歌ではない。市井の人々が口ずさむ歌であり、そこに宗教的な心情が盛り込んである。これはアッシジの聖フランチェスコからつづく伝統であった。

南フランスでは世俗の歌にこの詩法が用いられた。プロヴァンス語で書かれた一三世紀のバラードに、満たされない結婚生活を嘆く女性の歌がある［Bartsch, 1880, col.245］。これまたセヘルの定石どおりの作品である。

Coindeta sui, si cum n'ai greu cossire,
per mon marit, quar ne·l voil ne·l desire.

楽しいはずが、ため息ばかり出てしまう。
夫は私の求めているような人ではない。

Qu'en beus dirai per que son aissi drusa,
quar pauca son, joveneta e tosa
e degr'aver marit dont fos joyasa,

あなたが望むなら、語って聞かせましょう。
私は心優しく、若くて薔薇のように清らか。
なのに気の毒。せめて陰気でない夫、

いつも楽しくほほえんでくれる夫が欲しい。　ab cui toz temps pogues jogar e rire.
楽しいはずが、ため息ばかり出てしまう……　*Coindeta sui, si cum n'ai greu cossire…*

このバラードが歌われるときは、エストリビージョに該当するフランス語のルフランの二行をソリストが歌い、次にコーラスが同じくルフランの二行を歌う。三行目をソリストが歌い、ルフランの一行目をコーラスが歌う。四行目をソリストが歌い、ルフランの一行目をコーラスが歌う。五〜六行目をソリストが歌い、ついでルフランの二行をコーラスが歌ったという［Jeanroy, 1889, p.413］。この歌は一四世紀の写本によって伝わるが、実際に歌われるときはかなり分量が増えるのが実際のありようだった。

ここまで簡略ではあるがセヘルの起源と伝播をたどった。あらためてカンティーガ一〇番をかえりみれば、第一詩節のエストリビージョの韻は -res である。ムダンサの韻は -er であり、ブエルタの韻は -res である。

薔薇の中の薔薇、花の中の花、　*Rosa das rosas e Fror das frores,*
婦人の中の婦人、貴婦人の中の貴婦人。　*Dona das donas, Sennor das sennores.*

うるわしく形よい薔薇、　Rosa de beldad' e de parecer
よろこばしく心地よい薔薇、　e Fror d'alegría e de prazer,
いつくしみにあふれた婦人、　Dona en mui piadosa seer,

苦しみも痛みも取り除いてくださる貴婦人。　Sennor en toller coitas e doores.
　薔薇の中の薔薇、花の中の花……　*Rosa das rosas e Fror das frores...*

以下、第二詩節のムダンサの韻は **-ar**、第三詩節は **-ir**、第四詩節は **-or** である。これが一〇番の韻律形式であり、まさしくセヘルの典型的な事例である。これを記号化して示せば、ＡＡ　ｂｂｂａ　ＡＡ　ｃｃｃａ　ＡＡ　ｄｄｄａ　ＡＡ　ｅｅｅａ　ＡＡとなろう。この基本形式が『賛歌集』のカンティーガの大部分を占めている。セヘルの変化形としては、ブエルタすなわち折り返し句が二行以上になるものや、一行の半分の長さのものもある。

　セヘル以外の詩法によるカンティーガもいくつかある。フランス起源のヴィルレは、ルフランすなわち反復句を持たず、詩節の最後の折り返し句の韻が次の詩節の韻となる形式である。記号で示せば、ａａａｂ　ｂｂｂｃ　ｃｃｃｄ（あるいはその変化形ａａｂａａｂ　ｂｂｃｂｂｃ　ｃｃｄｃｃｄ）となる。ガリシア＝ポルトガル語による世俗のカンティーガは、反復句を冒頭に置かず、詩節の途中か末尾に置く形式が多い。先ほどのカンティーガ二六〇番はこの形式によっている。

　一〇番は聖母マリアを「わが貴婦人と定め、その詩人《トロバドール》に私はなりたい」と歌っていた。高貴な身分の婦人を意中の人と定めてわが身をささげる。これがヨーロッパの騎士道の精神であり、それを詩歌の調べに乗せるのがトロバドールの役割である。このことはすでに述べた。彼らが献身すべき最高の貴婦人とは、聖母その人である。この詩はしたがって中世ヨーロッパの抒情詩の心を体現したものにほかならない。加えて、並列する対句を重ねた「薔薇の中の薔薇……」のような賛美の表現は、教会典礼における中世ラテン語の続唱《セクエンティア》の流れに属すとも考えられている〔Filgueira Valverde, 1985, p.29〕。それがアル・アンダルスで開拓されたアラビアの詩法によって歌われた。ヨーロッパの伝統とアラビアの革新の両方につらなる。これこそが聖母のカンティーガの特質と言ってよい。

七　抒情詩のアル・アンダルス起源説

『聖母マリア賛歌集』の源泉をどこに求めるかという議論は、カンティーガに付された旋律の起源問題から始まった。一九二二年にスペイン王立アカデミーから出版された『賛歌集』校訂本の解説で、フリアン・リベラ・イ・タラッゴはカンティーガの旋律がアラビアに起源を有すると主張した〔Ribera y Tarrago, 1922, p.412〕。前述のアベン・グスマンの詩集のファクシミリ版が一八九六年に刊行されたとき、最初にその解読に取り組んだ学者のひとりがリベラだった。韻律の問題がそのまま旋律の問題にもかかわっている。このアラビア旋律起源説に対し、イヒニオ・アングレスはフランスのリモージュのサン・マルシアル修道院に伝わるラテン語聖歌集との類似に注目する。一九五八年に刊行した『賛歌集』の音楽に関する研究書の中で、カンティーガとヨーロッパ音楽との密接な関係を主張した〔Anglés, III/1, 1958, pp.120sq.〕。

アラビアかヨーロッパかというこの議論は、『賛歌集』を含む中世ロマンス語の抒情詩全般の起源問題につながる。一九三八年にラモン・メネンデス・ピダールはヨーロッパの抒情詩のアラビア起源説を強力に主張する論考を発表した。アル・アンダルスのアラビア語文芸に起源を求める学説の要点は、もっぱら韻律の問題にあるという。九世紀の末から一〇世紀にかけてアル・アンダルスで新たな韻律形式の抒情詩が生まれた。同じ形式をもつプロヴァンス語の抒情詩が現れるのは一二世紀初頭であり、トゥルバドゥールの芸術が南フランスの宮廷で芽生えたのは、アラビア語の抒情詩の影響なしには考えられないとした［Menéndez Pidal, R., 1938, p.409］。

これに対し、アンリ・ダヴァンソンは一九六一年に出版した著作の中でアラビア起源説を否定し、トゥルバドゥールの作品は前述のリモージュの修道院に伝えられた典礼書の写本にもとづくものと主張した［Davenson, 1961, p.125］。これはグレゴリオ聖歌に付随するトロープスと呼ばれる歌詞の集成で、一一〇〇年ごろに書写されている。トゥルバドゥールという言葉の語源もこのトロープスにあるという。ついで一九六八年にピーター・ドロンケはアラビア起源説の根拠とされる韻律形式の起源に疑義をとなえた。この形式はヨーロッパの俗語の詩にいくつも類例があり、舞踏をともなう歌に反復句や折り返し句が付随するのは汎地域的な事象であるとした［Dronke, 1968, p.49］。

イタリアのラウダ、フランスのヴィレル、イギリスのキャロル等々、ヨーロッパ各地の抒情詩の起源を一地域の文学技法に求めるのはそもそも無理であろう。ドロンケの言うとおり、俗語の詩にはすでに古くから類似の形式が存在した。ただし、イベリアに関して言えば、やはりイスラームの詩人との交流は十分に考えられる。一三二二年にバリャドリードで開かれた教会会議で、教会の祝日前夜祭の場に異教徒の歌手や演奏家を招聘《しょうへい》することが禁じられたほどである［Menéndez Pidal, R., 1960, p.360］。イスラーム世界との接触はヨーロッパのほかの地域では考えられないほど頻繁だった。このことは踏まえておきたい。そのうえでアラビア語の詩がヨーロッパ世界の文芸に影響されたという逆の可能性も考える余地があろう。とりわけ南フランスからの影響については肯定すべき点も少なくない。

このことは今までたどったカンティーガからも明らかだが、プロヴァンス語で詩作したトゥルバドゥールにならう姿勢は、アルフォンソ一〇世の家系につらなるディニス一世の詩にもうかがえる。ディニスは第五代ポルトガル王アフォンス三世と王妃ベアトリスの長男で、王妃はアルフォンソ一〇世の庶子である。以下の詩はガリシア＝ポルトガル語の抒情詩を集成した『カンシオネイロ』に収められている［Videira Lopes, I, 2016, p.189］。

私はプロヴァンスの手法にならい、
今ここに愛の歌を作り、そしてわが貴婦人を
尊いお方として大いにたたえたい。
その美しさも優しさも何も欠けるところが
ないのだから。その上さらに語りたい。
主はよいもので彼女を満たしたことを。
世界中にならぶものがないほどの。

マリアを「わが貴婦人」と定め、これをたたえる詩人になりたいという思いは、ディニス王の外祖父アルフォンソ一〇世が理想とするところであった。「プロヴァンスの手法」とはトゥルバドゥールのそれにほかならない。

一二世紀以降、ガリシアの西の外れのサンティアゴ・デ・コンポステラへの巡礼がさかんになると、レコンキスタの兵士や巡礼者ばかりでなく、聖地の教会建築にたずさわる石工や旅芸人も巡礼路を往還するようになる。南フランスのトゥルバドゥールたちもこの道をたどり、イベリアの諸王国の宮廷に滞在し、あるいは出仕する者もいた。ディニス王の父アフォンス三世の最初の妻は、フランスのブーローニュ女伯マティルドである。一二三八年の成婚後は王妃の祖国との交流がますますさかんになった。次の王妃の子であるディニスの時代には、ポルトガルにおいても「プロヴァンスの手法」が規範と仰がれたのである。

そうした環境から出発したガリシア＝ポルトガル語文芸の世界において、『聖母マリア賛歌集』はその最初の記念碑と見なされている［Leão, 1952, p.250］。後世のポルトガル文芸に受け継がれたものは巨大であるとしても、かならずしも一方向ばかりのことではなく、イベリアの西のかなたの土壌から『賛歌集』に流れ込んだものもあるのではないか。その可能性を次に考えてみたい。

八　ガリシア＝ポルトガル文学とのつながり

ポルトガルの女性の名でもっとも多いのはコンセイサンだという。ひびきが美しい。これは無原罪の聖母を意味する（その信仰については第五章でたどりたい）。グラサという名もある。恩寵の聖母のことである。アスンサンという名もある。被昇天の聖母のことで、これは男性にも使う。ドーレスという名もある。「聖母の七つの悲しみ」の最後の語で、これを女性の名とした。これがなかなか多い。ポルトガルが聖母の国であることは、今も昔も変わりがない。

ガリシア＝ポルトガル語で伝わる古い抒情詩にカンティーガ・デ・アミーゴと呼ばれるジャンルがある。女性が男の友人《アミーゴ》を追憶する詩である。この世俗の恋歌の中にさえ聖母の名が頻繁に登場する。かなわなかった恋をいとおしみ、聖母にさびしさを訴えた。聖母にちなむ聖地が愛の思い出につながっていたりする。ポルトガルのトロバドールのひとり、フェルナン・ロドリグス・デ・カリェイロスは一三世紀初頭に活動した人とされる。カンティーガ「愛する人は私に告げた」は歌う［Videira Lopes, I, 2016, p.366］。

私が悲しんだりしないようにと［あの人は告げた］。
すぐに戻ってくるからと。
それからずいぶん経《た》つことが心にのしかかる。

聖マリアはそのことを知っておられる。
　私はただ嘆くばかり。
　　こんなに時が経ってしまうなんて。

もはや手の届かぬところにいる人をなつかしみ、記憶から消し去ることができずにいる。悲恋の調べにちがいない。それでもそこに信心があって、傷ついた心に聖母が寄り添っている。主の母になぐさめを求めたのか。あるいは、誓いを立てるときも聖母を頼みにした。次の歌にそれが現れている。サンシュ・サンシェスのカンティーガ「女友だちよ、私の愛する人はきっと」は歌う［Videira Lopes, II, 2016, p.497］。

あの人の旅立ちが私の心を苦しめた。あのとき
すがりつくように尋ねた。愛するあなた、
向こうに長くいることになるのかと。
聖マリアの名にかけて、あの人は私に誓った。
　ほほえんですぐに戻ってくるからと。
すぐには無理でも、たよりを送るからと。

ヴァチカン教皇庁図書館所蔵の『カンシオネイロ』写本四八〇三番にこのカンティーガが記され、余

白に「聖職者サンシュ・サンシェス」とある。一三世紀後半に活動したガリシアの聖職者として知られていたが、最近になって新たな資料が発見された。サンティアゴ・デ・コンポステラ大聖堂に伝わる教会関係の中世文書の中に、大聖堂の主任司祭がサンティアゴ近郊の町で土地を取得したときの記録がある。一二六〇年の日付で、証人の名を列挙した中に「聖職者サンシュ・サンシェス」の名があった［Souto Cabo, 2012, p.783］。これによってこの詩人の活動時期がいくらか限定されてきた。トレド写本の原本の成立は一二六四年以降とされる［Mettmann, I, 1986, p.24］。これは『賛歌集』編纂のもっとも早い段階に属しているから、一二六〇年前後であれば、それと平行するか、いくらか先行する。神父も追憶の愛を歌うのだ。

同じくアルフォンソ王と同時代のポルトガルの詩人にアフォンス・ロペス・デ・バイアンがいる。古くからある名家の出身で、前述のディニス一世の父アフォンス三世の宮廷で活動した［Fernandes Braga, 1878, p.xlvii］。王の在位は一二四八年から七九年であり、アルフォンソ一〇世の治世とほぼ重なる。正確な没年は不明だが一二八四年とする説もあり、これはアルフォンソ王の没年と一致する。カンティーガ「今日、心躍らせて望むのは」は歌う［Videira Lopes, I, 2016, p.49］。

今日、心躍らせて望むのは
巡礼に旅立ち、そして祈ること。
レイラの聖マリア［の聖地］へ。
愛する人もそこに行くのだから。

ここに歌われた聖地サンタ・マリア・ダス・レイラスは、ポルトガル北部の町ヴィアナ・ド・カステルにある。リマ川の河口の古い町で、八月二〇日のロマリア祭ではポルトガル全土から聖母教会に巡礼が訪れた。これは「悲しみの聖母」の巡礼祭であり、今もさかんにおこなわれている。この歌もまた、恋人とともにいた幸せな日々につながっていたのか。マリアの聖地は『賛歌集』にもおびただしいほどに登場する。これは第三章で取りあげたい。

『カンシオネイロ』に収められた作品の多くは、アルフォンソ王のカンティーガよりも後の時代に属するが、それに先立つ時期のもの、あるいは同時代のものも含まれている。ここにあげた世俗の恋歌はわずか数例だが、ガリシア＝ポルトガル語の抒情詩の古拙なまでの思いのほとばしりがうかがえる。これは南フランスのトゥルバドゥールの抒情詩が、内に秘めた愛を節度と洗練と、そしていくらかの屈折をもって語りかけるのとはかなり違いがある。そしてまさにその点においてポルトガルの愛の歌と『賛歌集』とのつながりも予想されるだろう。聖母のカンティーガが南フランスの影響を受けていることはまちがいないとしても、ガリシア＝ポルトガル語の故郷に結びつくこともまた確実ではないか。

心の傷を癒やすことのできない老齢のアルフォンソ一〇世、かつて賢王と称されたこの人が、聖母に寄りすがる。そうした憂いがカンティーガに湛《たた》えられている。これも『賛歌集』の魅力のひとつだが、つづくいくつかの章で徐々にたどっていきたい。

第二章　聖母の奇跡のカンティーガ

一　聖母奇跡集成への歩み

六世紀のローマ教皇グレゴリウス一世は、キリスト教の歴史の中で古代の終わりと中世の始まりを告げた人として知られる。神学はもとより教会典礼の形成にも偉大な足跡を残した。彼の名を負う『グレゴリウス秘跡書』は実際には九世紀に編纂されたものだが、五九二年に教皇がみずから作らせた秘跡書がもとになっている。西欧中世における典礼の基礎を確立し、近世に至るまで絶大な影響をあたえつづけた。同じことはグレゴリオ聖歌についても言えよう。これも現在では九世紀以降の成立と考えられているが、権威ある教皇の名と結びついて、千年以上ものあいだカトリック教会で歌い継がれてきた。

グレゴリウス教皇がペトルスという名の助祭とかわした奇跡に関する問答集がある。こちらは教皇が直接に関与したもので、五九四年に四巻の『対話集』にまとめられた。ここには諸聖人にまつわる奇跡の数々が示され、教訓が付されている。これが中世にさかんに作られた教訓説話へと発展した。さらに諸聖人の伝記、すなわち聖者伝もおびただしく書かれるようになる。『対話集』の第四巻には聖母マリアにかかわる奇跡がいくつか収められ、やがて聖母の奇跡集成へとつながっていく。

七世紀になると聖母の奇跡物語が次々と語り出された。これは東方教会で聖母の祝日が制定されたことが重要な契機となっている。八月一五日が聖母の「御眠り《おんねむ》」の祝日とされ、のちに西方教会に伝わって、被昇天の祝日へと受け継がれた。一二月八日の無原罪の御宿りの祝日は、これにやや遅れて九世紀に西方教会に導入された（現在、カトリックでは「聖母の被昇天の祭日」および「無原罪の聖マリアの祭日」と呼んでいる）。

紀元千年を経た西ヨーロッパでは、こうした聖母信仰の高揚を背景として聖母の生涯にかかわるさまざまな伝承が生まれ、奇跡の物語が続々と書かれた。西方教会において聖者伝が激増していくのも同じ時代の動きであった。中世ラテン語による聖母奇跡物語の目録によれば、その総数は一八〇〇点近くにのぼる[Poncelet, 1902, pp.241sq.]。これは異本を含めていないので、実際の数となると想像もつかない。

ラテン語の著作について俗語による聖母の奇跡物語が書かれるようになる。一二世紀にイングランドの聖職者アドガルが『恩寵の書』と題してアングロ＝ノルマン語による最初の集成を編纂した。これは中世フランス語の系統に属する言語で、当時のイングランドが置かれた歴史的状況を反映している。これにやや遅れてフランスの修道士ゴーティエ・ド・コワンシーが『聖母の奇跡集』を著した。イベリアでは一三世紀にゴンサロ・デ・ベルセオがカスティーリャ語による『聖母の奇跡集』を著している。

これらの俗語集成に語られた聖母の奇跡のいくつかは、その時代に多くの巡礼を集めた各地の聖所と深いかかわりをもっていた。むしろ巡礼聖地の興隆とともに、こうした物語が語り出されたとも言える。上記のいずれの集成も『聖母マリア賛歌集』の成立にさまざまな影響をあたえ、あるいは直接の典拠を提供した。以下に、聖母の奇跡のカンティーガを読みつつ、同じ主題をあつかったヨーロッパのほかの地域の俗語作品との比較を試みる。そのうえで一三世紀イベリアにおける聖母信仰の特質を考えてみたい。

二　少女ムーサを迎えるため

カンティーガ七九番は少女ムーサに起きた奇跡の歌物語である。これは教皇グレゴリウス一世の『対話集』に語られたラテン語の短い話がもとにあり、アドガルの『恩寵の書』においてアングロ＝ノルマン語に移され、さらに『賛歌集』においてガリシア＝ポルトガル語でつづられた作品である。試訳を以下に示したい。

1　どのようにして聖マリアが落ち着きのなかった少女に
2　落ち着きを取り戻させ、天国へ連れて行ったか。

3　ああ、聖マリア、
4　あなたに導かれた人は
5　分別をなくしても助けられ、
6　いつもすこやかな心でいられる。

7　ここにすばらしい奇跡をあなた方に語ろう。

栄光の主の母がおこなった奇跡を。
それを聞けばあなた方はうっとりするだろう。
そして私までうっとりさせるだろう。
　ああ、聖マリア……

これはひとりの少女に起きたこと。
ムーサという名の、美しい少女。
愛くるしく、けれど落ち着きがなく、
そして考えが足りない少女。
　ああ、聖マリア……

あるとき栄光のお方が
ムーサの夢に現れた。とても美しい
少女たちとともに。おどろくほど
清らかな少女たちと。なぜならそれは、
　ああ、聖マリア……

22 ムーサが今すぐいっしょに行きたいと望むように。
23 だが、聖マリアはムーサに言った。「あなたが望んで、
24 私といっしょに行きたいのなら、笑ったりふざけたり、
25 高ぶったり、〔自分を〕さげすんだりしないように」
26 　ああ、聖マリア……

27 「もしそのようにするなら、今日から三〇日後、
28 あなたは仲間に囲まれて私とともにいるでしょう。
29 見たとおりの落ち着いたこの少女たちと〔ともに〕。
30 落ち着きがないのはあなたにふさわしくないこと」
31 　ああ、聖マリア……

32 夢で見た少女たちもムーサを好きになった。
33 ムーサは自分の〔今までの〕習慣を捨て、
34 新しい別の習慣を身につけ、
35 ほかに何も望まなくなった。
36 　ああ、聖マリア……

37 父と母はそれを見て、
38 ムーサに尋ねた。そして目にしたことを
39 語るのを聞いて、〔主の〕恵みを願った。
40 私たちを守ってくださる〔主の〕恵みを。
41 　ああ、聖マリア……

42 二六日目にムーサは高い熱におかされ、
43 寝たきりになった。
44 そこへ聖マリアが現れて、
45 ムーサに言った。「来なさい」
46 　ああ、聖マリア……

47 「私のもとにすぐに」――ムーサは答えた。
48 「そうします」――やがて日数が満ちると
49 主はムーサの魂を連れ去った。
50 人々の魂を迎えるところへと。
51 　ああ、聖マリア……

聖者の方々、そのために私たちは祈ります。
〔最後の〕審判で〔主の〕怒りのくだるとき、私たちを
見つけてください。過ちも罪もないものとして。
唱えなさい。アーメンと。
ああ、聖マリア……

幼いムーサの夢に聖母が現れた。清らかな少女たちをともない、神の国でいっしょに自分に仕えるようにうながした。ムーサはその勧めにしたがい、三〇日後に聖母が迎えに来るまで、つつましい日々を送るように努めた。そして夢で見た少女たちにともなわれ、天に召されたのである。ひとりの少女の静かな死の物語である。奇跡といっても取り立てて起伏のない、夢そのままのような世界がそこにくりひろげられている。

一行目の「落ち着きのなかった」と訳した語「ガリーダ」は、『賛歌集』の中でここにしか出てこない。カンティーガの注釈には「軽率な」「思慮の足りない」と解されている〔Filgueira Valverde, 1985, p.144; Fernández, 2011, p. 227〕。「落ち着きを取り戻させ」と訳した語「コルダ」も同様で、「慎重な」「分別のある」と解される。後者の名詞形がカンティーガ三六番に出ている。嵐に襲われた船を聖母が救出する話で、「〔旅人たちは〕思慮分別を備えた人たちだが、誰もが命を落とすと思った」と訳すことができる。七九番の場合もしたがって、「思慮分別がない」状態から「思慮分別のある」状態に転じたと理解できる。ここでは

［図 6］カンティーガ 79 番、写本 T、116 葉裏（*Edición facsímil del códice T.I.1*, 1979）

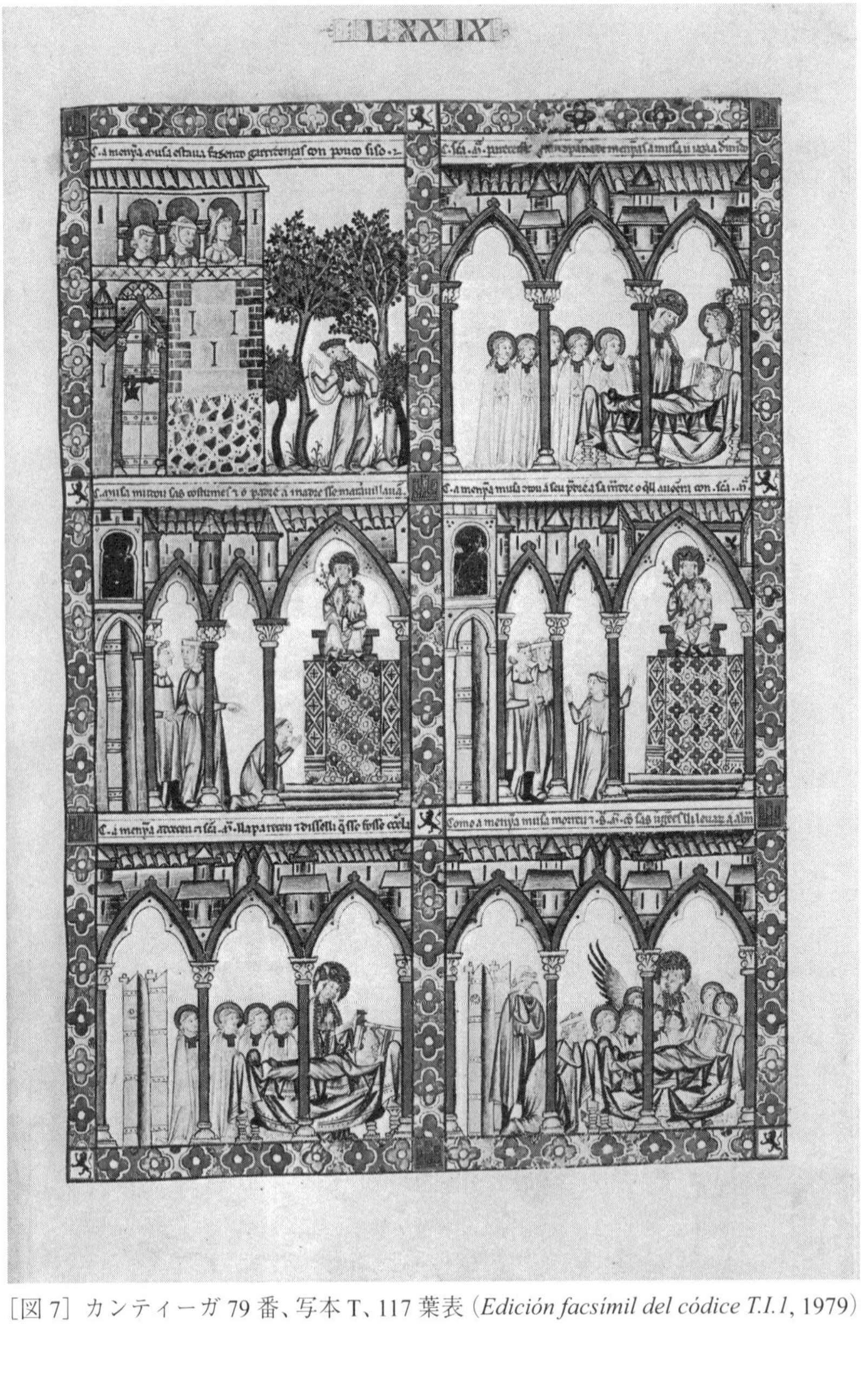

［図 7］カンティーガ 79 番、写本 T、117 葉表（*Edición facsímil del códice T.I.1*, 1979）

幼い少女のことなので、落ち着きのない子が落ち着きを取り戻したと訳せるのではないか。ここで写本に付された挿画を手がかりとして、その是非を考えてみたい。

エル・エスコリアル写本Tには七九番の挿画が掲載されている。この写本はアルフォンソ一〇世の宮廷工房で作成された。挿画制作のマエストロは徐々に交替していくが、一〇〇番前後まではおおむね均一な作風を維持している［Menéndez Pidal, Gonzalo, 1962, p.40］。写本Tの原典の編纂は一二七四年から七七年までのあいだと推測される［Mettmann, I, 1986, p.23］。写本の制作時期もここからあまり隔たらないだろう。アルフォンソ王の監督のもとで、詩の筆写と楽譜および挿画の制作がおこなわれたと考えられてきた。それならば、個々の挿画はカンティーガの内容を的確に視覚化したものとしてあつかうことができよう。

カンティーガ七九番は写本Tの中で三葉を占めている。はじめに楽譜が掲載され、つづいて詩句が記される［図6］。次に挿画が配され、ほかの挿画と同様に写本の一葉全部を使って六つの場面が展開する［図7］。第一章と同じように、一段目の向かって左を第一場面とし、三段目の右の第六場面へ進んでいく。

第一場面には戸外のようすが描かれている。茂みの中で少女がひとり、ひらひらした帯のついた服を着て浮かれたようすである。画面左の建物の上階から女性が二人、冷ややかに眺めている。上段の文字は「どのように少女ムーサが分別を欠いたふしだらな振る舞いをしているか」とある。「ふしだらな振る舞いをする」と解した語は「めかし込む」とも訳せる。少女のいでたちには、おしゃれをしていい気になっているようすが現れている。

第二場面には三分割された尖塔《せんとう》アーチの下に室内のさまが描かれている。寝台で眠る少女のもとに、冠をかぶった女性が――聖母にちがいない――白い衣をまとった幼い少女たちと天使をしたがえ、何かを語りかけている。上段の文字は「どのように聖マリアが多くの仲間とともに、臥《ふ》して眠っている少女ムーサに現れたか」とある。

第三場面には台座に据えた聖母子像が描かれている。その下でひざまづいて祈る少女の姿がある。脇にいるのは両親にちがいない。娘を指さして語り合っている。上段の文字は「どのようにムーサが衣装を替え、父と母がそれに驚いたか」とある。カンティーガの本文には衣装を替えたことは語られていない。地味な服装が注意を引くのであれば、やはり以前の彼女は派手な格好で浮かれていたのか。少なくとも挿画を描いた画家は、カンティーガの趣旨をそのように捉えたのだろう。

第四場面はほぼ同様の舞台設定で、少女が聖母子像を指さして、両親に何かを説明している。上段の文字は「どのように少女ムーサが聖マリアとともにあったことを父と母に語ったか」とある。

第五場面にはふたたび寝台に臥した少女に聖母が語りかけるさまが描かれている。白い衣の少女たちが彼女を囲んでいる。上段の文字は「どのように少女が病気になり、そして聖マリアが彼女に現れて、ともに行くことを語ったか」とある。

第六場面には少女の臨終のさまが描かれている。聖母が嬰児《えいじ》の姿をした魂を抱きかかえ、天上に運ぼうとするかのようである。白い衣の少女たちと天使も彼女に寄り添う。あまたの中世絵画に描かれた聖母の「御眠り」の場面のようである。両親は涙を流しながら、そのようすに見入っている。これもカンティーガには記述がない。上段の文字は「どのように少女ムーサが亡くなり、そして聖マリアが少女たちとその魂を連れていったか」とある。

写本挿画に描かれた六つの場面をこのように読み取ってみた。カンティーガに語られたところを画家が補ったと思われるところも少なくない。しかしそれは恣意的な追加と言うよりも、むしろ視覚的にパラフレーズしたものと捉えてよい。これによって文字に語られた世界をさらに明瞭に理解することができた。

三　物語の源泉とその展開

グレゴリウス教皇の『対話集』に「少女ムーサの他界」と題する奇跡の話が出てくる。カンティーガの源泉となったラテン語の物語を以下にたどっていく。ここから、後世に忠実に継承されたものと新たな展開を示したものを明らかにしたい。

はじめに教皇自身の述懐が語られる。「神のしもべプロビュスが幼い妹ムーサについてこころよく語ったことがある。これを秘しておくのはしのびない」とある。それから次の話を紹介している［Gregorius magnus, *Patr. lat.*, LXXVII, col.348; Vogüé, 1980, pp.70sq.］。

ある夜のこと、ムーサの夢に神の聖なる母でつねに処女《おとめ》であるマリアが現れ、白い衣を着た同じ年の少女たちを彼女に会わせた。ムーサは少女たちとともにいることを願ったが、思い切ることができなかった。つねに処女である至福のマリアは、ムーサに少女たちとともに自分に仕えて生きていくことを望むかと尋ねた。ムーサは答えた。「そうします」――そこで処女マリアは、三〇日後に疑いなくその目で見た少女たちとともに自分に仕えるようになるためには、ムーサにもう軽はずみなことや子どもじみたことはしないように、また笑ったりふざけたりするのを控えるように命じた。この夢のあと、ムーサはまったく変わった。真摯《しんし》な生活を送るため、ただちに軽薄なおこないを慎んだ。両親はこの変わりように驚いた。問いただされて、ムーサは至福の主の母が自分に命じたことを語り、主の母に身をささげる日を告げた。二五日目にムーサは発熱した。三〇日目に亡くなるとき、夢で見た主の母と少女たちがふたたび現れた。マリアがムーサに声をかけると、彼女は答えた。敬意をもって目を伏せ、はっきりした声で答えた。「私はここにいます。マリア様。ここにいます」――この言葉とともに、ムーサは魂を［天に］戻した。聖なる少女たちと暮らすため、その魂は彼女の体を抜け出したのである。

ムーサの魂は天に戻っていったという。それだからこの話のタイトルに「移行《トランシティオ》」という語を用いたのだろう。先ほど「他界」と訳したが、これは聖者伝に頻繁に用いられる言葉である。これはつまり、少女に起きた奇跡を語る聖者伝なのである。とはいえ、たいていの聖者伝に出てくる殉教の場面などなく、ひとつの幼い魂の穏やかな天への移行だけが語られている。

この話を聞いた助祭ペトルスは述べた。「人々は数知れぬほど多くの悪しきおこないのもとにあるのだから、天のエルサレムはとりわけ幼子《おさなご》が住むべき場所にちがいないと私は考える」とある。これがグレゴリウス教皇の対話に付された教訓にあたる。それはまた、新約聖書の次の話を思い出させる。『ルカによる福音書』の話である（一八章一五～一七節）。

イエスに触れてもらおうとして人々が子どもたちを連れてきた。それを見た弟子たちがとがめると、イエスは子どもたちが自分のもとに来るのを止めてはいけないと言った。神の国はこのような者たちのものだからだという。「幼子のように神の国を受け入れる者でなければ、決してそこに入ることはできない」とある。ムーサの純真を理解する鍵は、やはりここにあるだろう。

ラテン語によるムーサの奇跡の物語を俗語に移し換えたものが、アドガルの『恩寵の書』に見える。これは一一八〇年頃に編纂された書物であり、中世フランス語の系統に属するアングロ＝ノルマン語で書かれた聖母奇跡集成の最初の代表的作品とされる。以下に試訳を示したい［Kunstmann, 1982, pp.159sq.］。

誰も知らぬ者はいない。
ムーサという名の少女について
ひとりの聖者が語ることを。
少女はとても幼かった。
ある夜のこと、夢の中で
ムーサに現れたのは、

至福なる聖マリアと
呼ばれる主［イエス］の母。
マリアは彼女に清らかな少女たちを見せた。
白い衣を着た美しい少女たちを。
ムーサは喜んで、
この清らかなまじわりに加わりたいと思った。
だがムーサはまだ思い切れなかった。
そこで聖マリアは尋ねた。
あなたも仲間に加わりたいかと。
そして自分に仕えて生きていかないかと。
ムーサは聖母に言った。
「喜んでそうしたいです」
――すぐにそう答えると、
聖母はムーサに命じた。
「よいことだけに目を向けて、
ほかのことにはとらわれず、
ふざけて笑ったりするのを

気をつけて避けるように」
——そしてマリアはムーサに明かした。
ムーサが見た少女たちと
三〇日経《た》つといっしょになり、
そのとき命が尽きることを。
ムーサは自分の見た夢を
理解し、それからは
心をよい方へ向けた。
彼女は大いに清められ、
あらゆる過ちから守られ、
とても清らかな生活を送った。
両親がそのように変わった娘を
目にしても、理解できなかった。
娘に何が起きたのかを。
そして娘に問いただした。
少女は両親にすべてを語った。
眠っているとき聖母が自分に見せたことを。

どのようにして心優しいマリアが、
あらゆる過ちから守ってくれたかを。
両親に自分の死ぬ日を告げた。
そのとき魂が［天国に］戻っていくことを。
それから二五日経って、
激しい熱がムーサを襲った。
三〇日目になって、
最期の時が訪れた。
聖母が言葉どおり再来したのである。
眠っているとき見たのと
同じ仲間たちを連れて、
ムーサのもとに来るのを見た。
ムーサは穏やかに目を開けた。
そして呼ばれると、はっきり答えた。
「私は行きます。マリア様、すぐに行きます。
あなたの言葉は清らかで真実です」
――その言葉とともに、

ムーサは魂を天に戻した。
永遠の喜びの中へと。
私たちもともにいられるように［祈りたい］。

アドガルの詩は古いフランス語のもつ簡潔な美しさにひかれるが、内容はグレゴリウス教皇の伝えるムーサの話をかなり忠実に韻文に移し換えたものと言える。その中にいくつかラテン語のもとの話に対応しない語句がある。とりわけ次の言葉が目を引く。

聖母を夢に見たムーサが生活をあらためた。そのとき「彼女は大いに清められ、あらゆる過ちから守られ」たとある。また、ムーサのようすが変わったのを見て両親が問いただしたとき、彼女が答えた言葉の中に、「どのようにして心優しいマリアが、あらゆる過ちから守ってくれたかを」告げたとある。ここで「過ち」と訳した語「フォリ」は、通常は「狂気」と訳されるが、アドガルはそうした意味でこの語を用いていない［Benoit, 2012, p.325, 335］。

『恩寵の書』に足の病を癒やされた男の話が出ている。プロヴァンス地方の町の教会でのことである。「たいへん具合の悪そうな男がやって来た。片脚が焼けるようだ」という［Kunstmann, 1982, p.149］。教会で祈りつづけたが一向に治る気配がない。男はたまりかねて叫んだ。「私の罪のせいで、心優しい聖マリアも見放されたのか」とある。ここで「罪」と訳したところに問題の語が使われている。気が狂ったわけではない。のちに男が「いったい何の罪か」と問う場面がある。そこでは「罪」を意味する別の語「ペシエ」と言い換えている。ここからもアドガルが、「罪」あるいは「過ち」の意味で先ほどの語を用いたことが了解できよう。

ラテン語の文章にはなかった言葉が加わったことで、以後に語られたムーサの物語はそれに引きずられていく。カンティーガ七九番でも、五行目のリフレインの中で「分別をなくしても助けられ」と訳した箇所に、「狂気」を意味する「フォリア」の語を用いている。『賛歌集』の注釈のいくつかは「狂気にとらわれた者も救われ」と解した〔Filgueira Valverde, 1985, p.144; Fernández, 2011, p.227〕。カンティーガの物語や写本挿画から読み取れるのは、彼女がただ子どもじみた振る舞いをしていただけである。意味するところは、最初のラテン語の文章から隔たるものではなかったのだ。

ムーサの物語は発端となったグレゴリウス教皇の話がすでに魅力あるものだった。それがいくつかの言語に移されて伝わったわけだが、そこでは情景描写のゆたかな広がりが重要となる。登場人物はほぼすべて女性であり、ムーサの父親は何ほどの役割も果たしていない。たおやかな雰囲気のうちに神聖なドラマが展開していく。

アングロ＝ノルマン語の詩でもガリシア＝ポルトガル語のカンティーガでも直接話法の会話はいたって少ない。ムーサが語るのは、その魂が聖母に迎えられるときだけである。前者では、「私は行きます。マリア様、すぐに行きます。あなたの言葉は清らかで真実です」とある。後者では聖母の言葉、「来なさい。すぐに私のもとに来なさい」に応じて、ムーサは「そうします」と答えるだけである。会話は抑制され、簡素であることがかえって信念を感じさせる。

ムーサにとっては天へのあこがれだけで十分であった。そのひたむきさがイングランドの詩に現れており、イベリアのカンティーガに一層よく現れている。もとのラテン語の散文は事実の叙述である。ここはやはり韻文のもつ表現の力が大きかろう。しかもそれが俗語で語られたことによって、より直裁に感情が表出されたのである。

天のエルサレムは子どもたちのいるところ――グレゴリウス教皇と対話をかわした人の言葉であった。誰もが忘れかけているそのことを、聖母のカンティーガは響きのやわらかい詩の言語によって伝えたのである。

四　修道士の口から花が

『聖母マリア賛歌集』五六番は無学なひとりの修道士に起きた奇跡の話である。ひたすら聖母を慕うだけの男で、わずか五篇の聖歌を唱えることしかできなかったが、亡くなったあとに口から五本の薔薇が現れたという。ここにもムーサの世界に通じるものがありそうな予感がする。

このカンティーガに先行して、ゴーティエ・ド・コワンシーの『聖母の奇跡集』に中世フランス語の詩があり、さらにゴンサロ・デ・ベルセオの奇跡集成にもカスティーリャ語の詩がつづられている。のちほど比較を試みることにする。まずカンティーガの試訳を以下に示したい。

これはどのように聖マリアが修道士の口から五本の薔薇を生じさせたかを語るもので、
それは修道士が亡くなってまもなくのことであり、マリアの名を示す五つの文字
「M・A・R・I・A」をたたえる五つの聖歌を彼が唱えていたことによる。

それはまったく正しいこと、
処女《おとめ》マリアの奇跡がうるわしいことは。
私たちのために栄光の主を
産んだお方の奇跡が。

それだから私は語りたい。
私が聞いた奇跡のことを。
あなた方もそれを聞けば、
みなともに喜ぶだろう。
大いなる恵みについて、
知るだろうから。私が学んだように、
処女マリアがひとりの善良な修道士に
もたらした恵みについて。

それはまったく正しいこと……

私が聞いたところでは、その修道士は
ほとんど字を読むことができなかった。
けれども、ならぶ者のない処女マリアを
心から愛することができた。
彼女をもっとたたえるために、
五つの聖歌をこしらえて、
ひとつにまとめた。
それはみずから欲したことだった。
　それはまったく正しいこと……

聖歌の中から五つを
選んだというそのわけは、
マリアの名を示す五つの文字を
集めて合わせるためだった。
それはいつか、慈悲深い

31 聖母の御子［イエス］に
32 まみえることができるという
33 そんな恵みにあずかるためだった。
34 　それはまったく正しいこと……

35 これらの聖歌に注意して
36 目を通す人は気づくだろう。
37 「主をたたえ」［の歌］を見いだし、
38 そして「主を呼ぶと」［の歌］と、さらに
39 「主が帰されたとき」［の歌］と、そのあとに
40 「あなたを［仰ぎ見る］」［の歌］と、最後に
41 へりくだって、「あなたのしもべを
42 生きさせ」［の歌］を見いだすだろう。
43 　それはまったく正しいこと……

44 主の恵みを授かろうと
45 これらの聖歌を欠かさずに

いつも唱えつづけ、
いつわることなく、
祭壇の前で、身を
投げ出して悔いていた。
おろかでみじめだったとき、
自分が犯してしまったことを。
　それはまったく正しいこと……

この習慣を世にあるあいだ、
ずっとつづけてきた。
しかしやがて亡くなったとき、
口から薔薇の木が現れた。
そこには薔薇の花が五つあり、
花開いているのが見えた。
それは力ある聖母をいつも
祝福していたからだった。
　それはまったく正しいこと……

修道士が生前に唱えたという五篇の聖歌は、すべて旧約聖書『詩篇』にその原典を求めることができる。いずれもラテン語訳ヴルガタから取られている。

最初の聖歌「主をたたえ」《Magnificat》は、『詩篇』三三番の「私とともに主をたたえ、ともにその御名《みな》をあがめよう」にもとづく。通常カトリック教会で歌われる「マニフィカト」は、新約聖書『ルカによる福音書』に記された、お告げの場面のマリアの言葉をもとにしている。だがここでは、ほかの四篇とのつながりから考えて、原典は旧約聖書の方であろう。

二番目の聖歌「主を呼ぶと」《Ad Dominum》は、『詩篇』一二〇番の「苦しみのとき私が主を呼ぶと、主は答えられた」による。三番目の聖歌「主が帰されたとき」《In convertendo》は、『詩篇』一二六番の「シオンの捕らわれ人を主が帰されたとき、私たちは夢見る心地だった」による。四番目の聖歌「あなたを仰ぎ見る」《Ad te》は、『詩篇』一二三番の「私はあなたを仰ぎ見る、天にいますあなたを」による。五番目の聖歌「あなたのしもべを生きさせ」《Retribue servo tuo》は、『詩篇』一一九番の「あなたのしもべを生きさせ、生きてあなたの言葉を守らせてください」による。この五篇の聖歌の歌い出しの文字を組み合わせるとM・A・R・I・Aになる。

修道士はいつも聖歌を唱えながら、「おろかでみじめだったとき、自分が犯してしまったこと」を悔いていたとある。このカンティーガを理解するうえで重要な箇所だと思う。五六番はこれだけしか語っていないが、中世フランス語とカスティーリャ語の詩と対比することで浮かびあがってくることがある。まず前者から読んでいきたい。

ゴーティエ・ド・コワンシーの『聖母の奇跡集』に収められた詩は、題辞に「口からあざやかな薔薇の花が見つかった修道士について」とある。試訳を以下に示したい〔Koenig, 1961, pp.224sq.〕。

ひとりの純朴な修道士に起きた、
美しい小さな奇跡をあなた方に語りたい。
その修道士は純朴で、ひたすら主に仕え、
そして信心深かった。
聖アンセルムスのような修道士ではないが
「哀れみたまえ」〔の聖歌〕と七つの聖歌、
そして子どものときに覚えた聖歌を
よき信心のもとに唱えていた。
純朴な思いに支えられ、
大いに愛していた主〔イエス〕の母に
献身をもって仕えた。
ひざまづいて聖母にすがった。
いくたびも涙を流しながら。
しかし彼の心はとても苦しみ、

はげしく乱されていた。
自分だけの祈りしか知らなかったから。
彼が覚えているだけの
栄光の婦人［マリア］にふさわしい［祈りを］。
彼はよくよく考えをめぐらせ、
自分の知恵だけを頼りに、
マリアの五つの文字から取った
五つの聖歌をこしらえた。
すなわち、それぞれの文字に聖歌を
ひとつずつあてはめたのである。
深い考えを込めたわけではなく、
彼が愛し、大切に思い、
いつも祈りを唱えている
処女《おとめ》マリアの名を求めただけである。
その五つの聖歌というのは、
「主をたたえ」と「主を呼ぶとき」と
「あなたのしもべを生きさせ」と、そして

「主が帰されたとき」が四番目、
「あなたを仰ぎ見る」が五番目である。
うるわしく至聖なるその名をたたえ、
聖歌の朗唱を長いあいだ、
生涯にわたってつづけ、
その終わりが訪れたとき、
主は美しい奇跡を起こされた。
口の中から五つの新鮮な薔薇の花が
見つかったのである。それは明るく
あざやかな赤で、葉に覆われており、
いま摘み取られたばかりのようだった。
この奇跡は栄光の主のうるわしい母が
心優しく愛情に満ちていることを
私たちにはっきりと教えてくれる。

ここに登場する修道士は「純朴でひたすら主に仕え、そして信心深かった」という。この修道士も苦しんでいたというが、何かの罪を犯したからではなさそうだ。「自分だけの祈りを知るばかりだったから」

というのがその理由としてある。

『聖母の奇跡集』の写本には挿画を付したものがある。ソワッソンのサン・メダール修道院旧蔵の写本は、この修道士の臨終の場面を描いている。現在はパリ国立図書館に登録され、挿画の題辞に「修道士が亡くなったあと、口の中に見いだされた五つの薔薇について」とある〔図8〕。

挿画に描かれているのは修道士の臨終の場面である。同僚たちがこれを取り囲んで嘆き悲しんでいる。右端の人物は十字架のついた杖を携える。そのとなりの人物は白い祭服をまとい、左手に聖水の容器を持ち、右手で灌水器《かんすいき》を振っている。最後の告解と聖体拝領を終えた情景であろう。寝台に横たわる修道士の口もとに白い薔薇が五つ見える。

ゴーティエの詩では薔薇は「あざやかな赤で、葉に覆われて」とあった。写本にも同じ言葉があり、つづりに異同はあるが、鮮紅色と記してある。挿画の薔薇は白で、葉に覆われていない。

ここでカンティーガの写本挿画と比較してみたい。五六番は写本Tの中で二葉を占めている。はじめに楽譜が掲載され、つづいて詩句が記されている。次に挿画が配され、一葉全体に六場面が展開する〔図9〕。ここでも一段目の向かって左を第一場面とし、三段目の右の第六場面へ進んでいく。

第一場面には右端の大きな尖塔アーチの下に台座に据えた聖母子像が描かれている。その下でひざまづいて祈る修道士の姿がある。上段の文字は「どのようにその修道士が聖マリアの祭壇の前でいつも祈っていたか」とある。

第二場面には書物をひもとく修道士が描かれている。書見台に載せた写本に見入っており、棚には書物

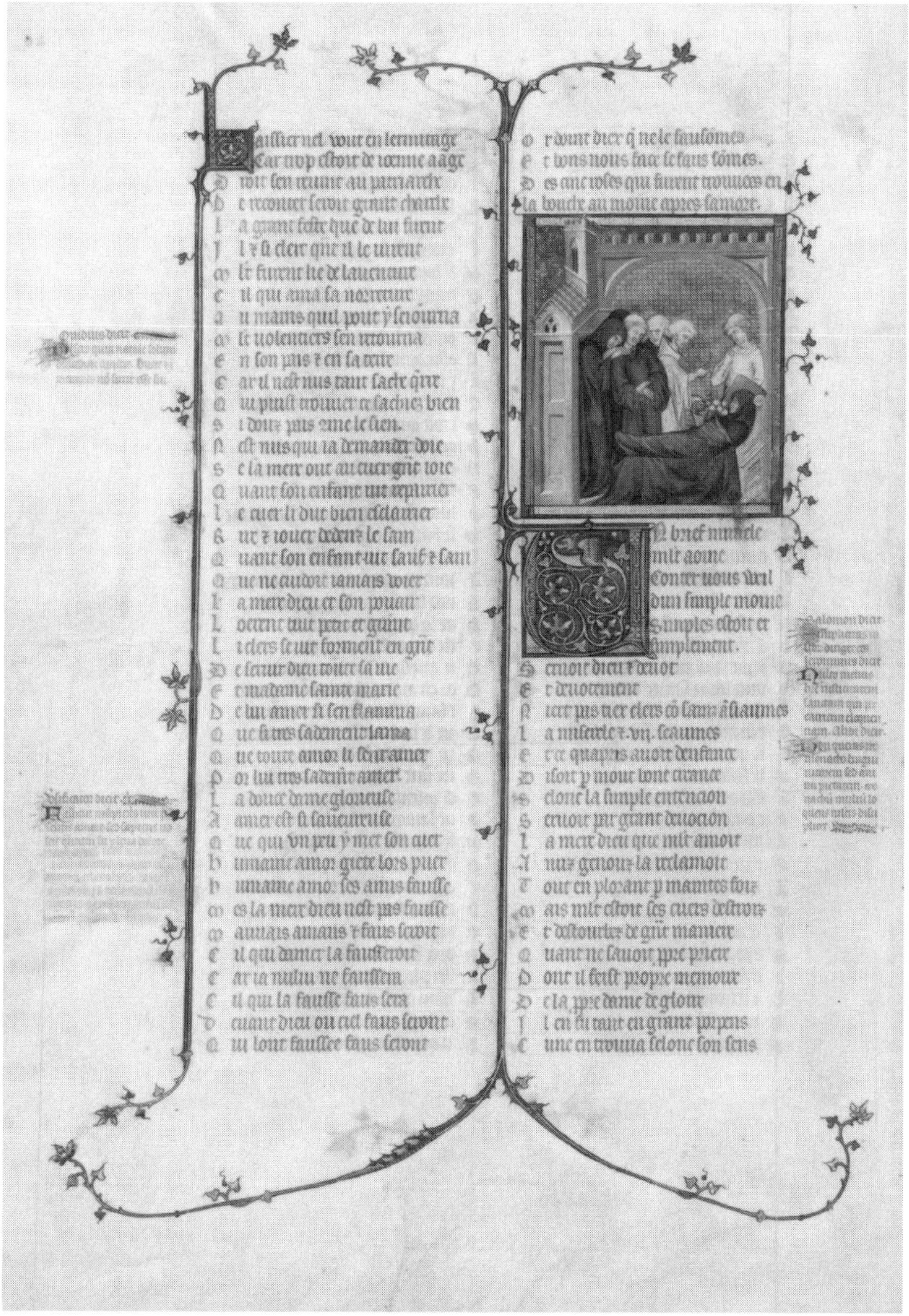

［図 8］パリ国立図書館 nouv. acquis. fr. 24541、55 葉表（https://gallica.bnf.fr）

［図 9］カンティーガ 56 番、写本 T、83 葉表（*Edición facsímil del códice T.I.1*, 1979）

が乱雑に積んである。上段の文字は「どのようにその修道士が聖マリアをたたえて唱えた五つの聖歌を選んだか」とある。

第三場面には聖母子像の祭壇の下でひれ伏して書物を広げる修道士が描かれている。灯油ランプが吊《つ》ってあるから夜中だろうか。上段の文字は「どのようにその修道士が毎日祭壇の前で五つの聖歌を唱えたか」とある。

第四場面には寝台に臥《ふ》して手を合わせる修道士が描かれている。同僚たちが彼を見守る。緋色のマントをまとうのは司祭か。修道士に聖杯を勧めている。これは臨終の聖体拝領の場面にちがいない。左端の人物が手にするのは聖水の容器であろう。上段の文字は「どのようにその修道士が告解をし、聖体拝領をして、その後に亡くなったか」とある。

第五場面には三分割された尖塔アーチの下にあおむけに横たわる修道士が描かれている。遺体の口から薔薇の木が生え、赤い花が五つ咲いている。上段の文字は「どのようにその修道士が五つの聖歌を唱えたことによって五つの薔薇を口から生じさせたか」とある。

第六場面には聖母子像の祭壇の前に集まった修道士たちが描かれている。両手を広げて驚きの表情を示す者もいれば、となりの場面に横たわった修道士を指さす者もいる。上段の文字は「どのように修道士たちがこの出来事に目をみはり、聖マリアを賛美したか」とある。

中世フランスとイベリアの写本挿画をくらべてみれば、前者は典雅、後者は無骨と言えようか。薔薇の表現にそれが顕著にうかがえる。フランスの写本では修道士は眠るように息を引き取り、口元から白い花びらがこぼれ出た。イベリアの写本では薔薇の木が口から直立し、真っ赤な大輪の花を咲かせている。まるで芝居道具のようだが、この気取りのなさが、かえって修道士その人を彷彿《ほうふつ》とさせる。

五　罪にまみれた男の生涯

次にゴンサロ・デ・ベルセオの『聖母の奇跡集』を読んでみたい。その中の「聖職者と花」と題された詩である。中世カスティーリャ語で書かれたこの集成は一二五二年までに編纂されたと考えられており、『賛歌集』にいくらか先行する時代の作品である。この詩は邦訳がある（太田強正訳「聖母の奇跡Ⅰ」神奈川大学人文学会『人文研究』一八三号、二〇一四年）。それに学びつつ、原典からの試訳を以下に示したい［Baños, 2011, pp.28sq.］。

知恵の足りないひとりの聖職者のことを語ろう。
その男は俗世の悪癖をしばしばくりかえし、
気が変であったが、よいところがひとつあった。
栄光のお方［聖母］を心から愛していたのである。

悪い習慣に染まっていたにしても、
聖母を敬うことには分別があった。
教会に行くときも務めをおこなうときも、
その前に聖母の名を唱えないことはなかった。

どのようなきっかけか不明と言うしかない。
みずから招いたことかどうか、わからないのだから。
敵対する者がこの男に飛びかかって、
殺してしまった。主なる神よ、彼をゆるしたまえ。

町の人々と男の同僚たちは、
このことがどうして起きたか確かでなかったから、
町の外にある土手の途中の
教会の信者の場所でない所に男を葬った。
この埋葬は栄光のお方に悲しみをもたらした。
自分に仕えた者が修道院の外に眠っているのだから。

聖母は道理をわきまえたひとりの聖職者の前に現れ、
このことで人々が過ちを犯したと告げた。

男が葬られてちょうど三〇日が過ぎた。こんなに
時間が経っており〔遺体は〕損なわれただろう。
聖マリアは言った。「あなた方はひどいことをした。
私に仕えた者があなた方からこんなに離れた所で眠っている」

「あなたは人々に告げなさい。私に仕えた者は
神聖な場所から退けられるべき者ではなかったと。
三〇日ものあいだ、そこに捨て置くままにしないように、
ほかの者とともにふさわしい墓地に納めるように〔告げなさい〕」

うとうと寝ていたその聖職者が彼女に尋ねた。
「話しているあなたは誰か。伝えたいことは何か。
そう言うのも、あなたが私に求めるからである。
訴えているのは誰か、葬られたのは誰なのか」

栄光のお方は彼に言った。「私は聖マリア、
私の乳を飲んだイエス・キリストの母である。
あなたたちの仲間から見捨てられたのは、
私に仕える者として大事にしていた者である」

「［教会の］墓地から遠く離れたところに葬った者であり、
あなた方はその者の葬儀をおこなおうとしなかった。
その者のためにあなたがなすべきことをすべて示そう。
それを実行しなければ、あなたは悲嘆に暮れるだろう」

聖母の言ったことはすぐに実行に移され、
ただちに、急いで墓が開かれた。
人々は奇跡を目にした。ひとつではなく、ふたつの奇跡を。
ひとつの奇跡も、もうひとつの奇跡も、ただちに書き記された。

口から美しい花が咲き出ていた。
すばらしく美しく、あざやかな色をしており、

心地よい香りであらゆるところが満たされた。
遺体からは少しの臭いも感じられなかった。

その舌は生き生きとして元気そうに見え、
口の中はあざやかなリンゴのようだった。
昼ごろはあまり生き生きしていなかった。
〔男が生前〕広間で無駄話をしていた時間だったからだろう。

栄光のお方のおかげでこうなったのを人々は目にした。
ほかの人ではこれほどのことはできないのだから。
人々は男の遺体を葬った。聖母をたたえる歌を
歌いながら、教会の裏手のもっとよい墓に。

世の人々は誰もが処女マリアに仕え、
大いなる礼節を抱くであろう。
命ある限り、喜びを見いだし、
最後の〔審判の〕日に魂を救うであろう。

この修道士は「俗世の悪癖をしばしばくりかえし」たという。「悪い習慣に染まっていた」ともいう。こともあろうに男は何者かに殺害された。同僚たちは教会での葬儀を拒絶し、町外れの「信者の場所でない所に男を葬った」とある。「信者《デスメロス》」とは教会に「十分の一税《ディエスモス》」を納める者のことである。教会納税者が信者と見なされ、教会の墓地に葬られた〔Martín Rodríguez, 2003, p.181〕。これは厳格に区別されていた。

『賛歌集』五六番と類似した話が二四番に見られる。北フランスの町シャルトルが舞台で、そこに「見習い修道士」がいた。終生誓願を立てる前の修練士のことである。その男は「賭《か》け事師《ごとし》で盗人だったが、聖母に心からの信心を抱いていた」という。盗人あがりの男は、とうとう最後の告解をせずに亡くなった。罪の告白はおこなわなかったのだ。そのため「人々は聖なる場所に受け入れることを望まず、すみやかにその外に〔遺体を〕横たえた」とある。「聖なる場所」というのは教会の墓地のことだろう。遺体はその「外に」に葬られた。これは悪に染まったまま改心を遂げきれなかった男の話である。それでも聖母の信心だけはあったので、やがて恵みがもたらされたという。

アルフォンソ王の宮廷のトロバドールがベルセオの詩を参考にしたか否かは議論が分かれている。このカスティーリャ語の詩の典拠もさまざまに想定されたが、これだけの分量の詩に対応するものは見つかっていない。二四番の罪にまみれた男の物語は、あるいはベルセオの詩と源泉を共有する可能性もある。五六番の方は、ゴーティエ・ド・コワンシーにならって純朴な修道士像が造形されたと考えたい。

スペイン文学史の中でベルセオは教養派文芸の作者のひとりとされる。ラテン語を解する知識人の集団に属するが、大衆にもわかるような日常の言葉を用いて詩作した。聞き手を前にして作品を朗詠するスタイルを取るものもある。『聖母の奇跡集』に「救助された遭難者たち」と題された話があり、冒頭で「みなさん、お望みとあらば、日のあるうちにこの奇跡についてさらにお聞かせしよう」と語り始める［Baños, 2011, p.132］。ただしこの口上を額面どおりに受け取ることもできない。彼らの作品にはラテン語の素養を前提とした語彙（いわゆる教養語）がふんだんに用いられている［Lapesa, 1981, p.223］。かえってトロバドールの語るアルフォンソ王のカンティーガの方が、よほど人々の耳に入りやすかったのではないか。

六　イベリアの宗教的心性

五六番の物語を読むと、ある映画の一場面を思い出す。修道士が男の子に足し算を教えている。


「二と二でいくつ？」　「四！」

「四と四では？」　「八！」

「八と八は？」　「……二〇！」

「めちゃくちゃだ！」


映画の原作はスペインの作家ホセ・マリア・サンチェス・シルバが一九五三年に出版した『マルセリー

ノ、パンとぶどう酒』である。これが一九五五年に映画化され、日本では『汚れなき悪戯』の名で知られた。次のような内容である。

村のはずれに古い建物の跡地があった。修道士たちが借り受けて家を建てて暮らしていた。ある朝、門の外で泣き声がする。生まれてまもない赤ん坊が捨てられていた。どうしていいかわからず、役場に尋ねたが誰も引き取り手はない。修道士たちは赤ん坊に洗礼を授け、みんなで育てることにした。聖マルセリーノの祝日に拾われたので、その聖者の名をつけた。子どもは丈夫に育っていった。修道士たちはマルセリーノをわが子のようにかわいがった。

マルセリーノは賢い子で、庭仕事の手伝いもできるようになった。遊びざかりでいたずらもする。屋根裏部屋は危ないので、行ってはいけないと言われていた。誰もいない隙に上がってみると、大きな十字架のキリスト像があった。はじめて見たときはこわかったが、ひとりぼっちでいるのがかわいそうだと思った。やせほそった姿を見るたびに、マルセリーノの目に涙があふれてくる。パンを持ってきて、「おなか、すいてる?」と聞くと、キリストの像はうなずいた。マルセリーノは尋ねた。「お母さん、いるの?」――キリストは答えた。「おまえのお母さんといっしょだよ」

ある日、マルセリーノは祭のぶどう酒をコップについで、屋根裏部屋へ運ぼうとした。ようすが変だと思った修道士たちがあとをつける。マルセリーノの目の前でキリストが十字架から降りてきて語りかけた。「おまえはいい子だ。おまえが一番欲しいものをごほうびにあげよう」――マルセリーノは答えた。「ぼく、お母さんに会いたい。あなたのお母さんにも会いたい!」――キリストはマルセリーノをひざの上に抱きあげた。「おやすみ、マルセリーノ」……驚いた修道士たちが駆けよると、十字架の下でマルセリーノは眠るようにして亡くなっていた〔Sánchez Silva, 1991〕。

『賛歌集』には、この物語の遠いみなもとになったと思われる話がある（このことは濱田滋郎氏が指摘している。『スペイン音楽のたのしみ』音楽之友社、新版、二〇一三年）。カンティーガ三五三番は題辞に「どのようにして修道院長が修道院で育てていた男の子が聖母像の腕に抱かれた御子《みこ》に食べ物をもたらしたか」とある。次のような内容である。

イタリアのある町に裕福な人がいた。子どもたちは次々と亡くなり、ひとり残った男の子を名のある修道院長に育ててもらうことにした。院長はわが子のように面倒を見た。ある日、その子は教会堂の中で聖母と御子の像を見つけた。それは美しい像で、御子がその子に向かってほほえんだ。男の子は足しげくその像を見に行ったが、御子に食べ物をあげる人が誰もいないことに気づいた。それから男の子は自分の食事を御子のもとに運ぶようになった。

そんなある日、御子がその子に語りかけた。「ここで食べるのはもうよして、明日ぼくのところで、お父さんといっしょに食事をしようよ」――院長は男の子のようすが変わったのを見て問いただすと、今までのことを残らず話した。それを聞いた院長は、男の子といっしょに自分もそこに行きたいと願い、奇跡をもたらす聖母と御子をたたえた。そのうえで老院長は修道院のことをすべて若い修道士たちに託した。この物語は次のように閉じられる。

その夜が過ぎて次の日の朝日がさす前に、院長と男の子は病の床についた。それはこの奇跡に導かれてのことである。第六時［正午］にイエス・キリストが私たちのために十字架で死なれたその時刻に、ふたりはいっしょに亡くなった。

キリストの十字架上の死は「第六時」とあり、正午にあたる。福音書のラテン語訳ヴルガタが「第九時」と記し、邦訳聖書がいずれも「［午後］三時ごろ」とするのとは伝承が異なるのだろう。ここには純朴で崇高なものを尊ぶイベリアの心性を見いだすことができる。高貴な単純と言い換えてもよい。カトリック世界はそこに大きな価値を認め、文学や美術に刻みつけてきた。それはカンティーガの詩にも写本挿画にも表されていた。これもまた、『賛歌集』の魅力のひとつではないか。

七　イベリアから西欧世界へ

聖母のカンティーガの個々の作品について、直接の典拠となった文献の捜索はさかんにおこなわれてきた。ラテン語の奇跡集成のうち候補となり得るものは数多いが、その中から正確な典拠が発見された例はごくわずかしかない。だが物語の源泉を探るというのであれば、これは西欧世界に豊富に存在する。とりわけ『賛歌集』成立の第一段階とされる一〇〇番までのカンティーガの場合、その作業は十分に可能である。本章で取りあげた二篇のカンティーガでもそれは明らかだった。

奇跡物語の源泉の所在はかならずしもイベリア内部にとどまらない。一〇〇番までのカンティーガのうち、「賛美の歌」をのぞく奇跡物語は八九篇ある。そのうちイベリアの外部に源泉を求めることのできるものは七五篇におよぶという［Mettmann, I, 1986, p.12］。場所が特定できないものもあるから数字はもとより目安にすぎないが、それにしてもアルフォンソ一〇世が最初に計画した集成においては、西欧世界との連続がきわめて顕著だったことがわかる。だがこの傾向は番号が進むにつれて変化していく。『賛歌集』の編纂は次の段階で二〇〇番まで増加するが、新たに加わった奇跡物語九〇篇のうちイベリアの外部に求められるものが四六篇、内部に求められるものが四四篇とほぼ拮抗する。つづく二〇一番以降の編纂段階では一七七篇のうち外部のもの五五篇、内部のもの一二二篇となる。アルフォンソ王の生涯を語るカンティーガも後者に含まれるが、これも番号が進むごとに増加する。『賛歌集』の視野は徐々に内向きになっていく。

奇跡の物語が少なからず特定の聖所に結びつくことはすでに述べた。これは上記の傾向と連動しており、イベリアの外の聖地にかかわるものは番号が進むごとに逆に減少し、アルフォンソ王の支配地であるカスティーリャ・レオン王国とその周辺を舞台とするものが圧倒的に多くなる。

一〇〇番までのカンティーガに話を戻せば、西欧世界からイベリアに流れこみ、世紀を越えて伝えられたものもある。たとえば、九四番の修道院から逃げ出した修道女の物語をあげることができよう。これは一二七行にわたる長い作品で、題辞に「これはどのようにして聖マリアが、修道院から抜け出した修道女の代わりとなって［彼女を］救ったのか」とある。次のような内容である。

若く美しい修道女がいた。職務に精励し戒律を遵守する。宝物管理係に任じられた。これは聖具室係《サクリスタン》のことで、そこにしまってある聖体の器は教会や修道院にとって資産であるから、その管理は重職だった。しかし彼女の精勤をこころよく思わない悪魔が誘惑の罠《わな》をしかけた。

修道女は騎士と恋に落ちる。大事な部屋の鍵を聖母の祭壇の前に置いて、修道院から出ていった。ふたりは狂おしいまでに愛し合った。子どもも幾人か生まれたが、そのうち愛もさめてしまう。犯した罪に恐れおののき、修道院に戻ってきた。ところが彼女の姿を見ても誰も驚かない。なぜなら、「処女《おとめ》マリアが彼女の代わりとなって、なすべきことのすべてを引き受けていたのだから」とある。修道女は同僚たちに事実を語った。誰もがこの奇跡をたたえ、語り継いでいったという。

この物語の起源は不明とされるが、最初に文献に現れるのはドイツのハイステルバッハの修道士カエサリウスによるラテン語文献『奇跡についての対話』である。カエサリウスはアルフォンソ一〇世の父フェルナンド三世に招かれ、一二二三年にスペイン北部のブルゴスの修道院を訪れた。対話集の編纂はこれ以後のことと考えられている。ここには「修道女ベアトリス」という名も出ており、これがずっと継承されていく［Nösges und Schneider, III, 2009, S.34］。ついでゴーティエ・ド・コワンシーが翻案し、『賛歌集』がこれを取りあげた。

イベリアではこの物語の人気は衰えることなく語り伝えられた。一六〇一年ごろにベレス・デ・ゲバラが聖体神秘劇『天上の女子修道院長』を著し、ついで一六一〇年に黄金世紀を代表する演劇作家ロペ・デ・ベーガが喜劇『よき管理係』を著した。一六一四年には贋作《がんさく》として名高いアベジャネーダの『ドン・キホーテ第二の書』にこの物語が挿入される。ラ・マンチャの騎士とは全然無関係な挿話であり、主人公はここでは女子修道院長である。貴族の青年に恋したあげく、あとに残していく修道女たちを聖母に託した。「至聖なるマリア様、あなたの天使のような純潔さで娘たちをお守りください」などと、のんきなことを言って出奔してしまう〔Gómez Canseco, 2014, p.157〕。

近代になると西欧世界で物語が復活する。一八三七年にフランスのロマン派作家シャルル・ノディエが『修道女ベアトリスの物語』を散文でつづった。数奇な運命をたどった修道女は静かに息を引き取り、教会はその輝かしい生涯をたたえ、なんと聖女に列したという〔Nodier, éd.1924, p.57〕。人々の敬虔さ（?・）には畏れ入る。最後の輝きはメーテルリンクの戯曲『修道女ベアトリス』であろう。これは一九〇一年にベルギーで刊行された〔Maeterlinck, 1901〕。

このように、一三世紀以前にアルプスの北で語り出された物語がイベリアに伝わって聖母のカンティーガに歌われ、幾世紀も継承されたのち、ふたたび西ヨーロッパで脚光を浴びたのである。『賛歌集』の最初期のカンティーガはイベリアと地続きの国々につながるものが少なくなかった。それがなぜ足もとばかり見つめるようになっていくのか。このことは、次の章で聖地のカンティーガを読みながら考えてみたい。

第三章　聖地巡礼のカンティーガ

一　奇跡の生起するところ

紀元千年を過ぎたヨーロッパでは人の移動も活発になってきた。失われた聖地エルサレムを奪回するため十字軍が組織されたのは一一世紀の末である。十字軍が東へ向かったように、イベリア半島の再征服をめざして西へ向かう動きもさかんになる。それと連動するかのように、半島の北西の果て、サンティアゴ・デ・コンポステラへの巡礼が引きも切らずに押し寄せた。キリストの弟子のひとり、聖ヤコブの墓がそこにあるという。そうした伝説が語り出され、やがてそこは中世キリスト教世界で最大の巡礼地のひとつとなった。

地方ごとに独立して存在した聖地を結ぶようにして、遠大な巡礼の道が形成されていく。それぞれの聖地には崇拝される聖者がおり、その聖者にまつわる奇跡が語られていた。中世の人々にしても奇跡が日常の出来事であるはずはない。それでも非日常の空間である巡礼の道は、奇跡が現出する場となり得た。由緒ある奇跡が物語に登場するだけでなく、聖地ごとに続々と生起する奇跡が新たに語り出される。聖母のカンティーガもそうした新旧の物語を集積する媒体となったのである。その中から典型的な事例をまずふたつ取りあげたい。

カンティーガ一五七番は南フランスの聖地ロカマドゥールにちなむものである。巡礼者の所持品をくすねた宿屋の女将《おかみ》に罰《ばち》が当たり、自身も巡礼におもむいて救われる話である。ここに示された奇跡物語は先行する作品が知られていない。末尾に「それはあまり古いことではない」とあるとおり、一三世紀後半のカンティーガの作者にとってさほど時代を隔てないころの伝聞なのだろう。一一七二年に編纂されたラテン語の『ロカマドゥール聖マリア奇跡集』は、南仏最大の聖地にまつわる奇跡を集成した書物だが、この話は収録していない。おそらくはそれ以降に広まった話であろう。中世の巡礼聖地で発生した事件のいわば最新情報を伝える作品と言ってよい。

これと対照的なのが一七五番であり、サンティアゴ・デ・コンポステラへの巡礼路上で起きた奇跡の物語である。宿屋の主人のたくらみで絞首刑にされた無実の巡礼者が聖母に支えられて生き延び、悪事の露見した主人が罰せられる話である。これにはひとつの重要な典拠とされてきた一二世紀のラテン語文献がある。『聖ヤコブの書』と呼ばれる大部な書物がサンティアゴ大聖堂に伝えられ、聖者の生涯を語る伝説や奇跡の数々、聖歌や巡礼路の案内記などを収めている。この書物の奇跡物語に呼応する中世カスティーリャ語やフランス語の伝承がいくつもあり、さまざまな言語による作品との比較対照が可能となる。

サンティアゴへ向かう道は、前述のとおり多数の巡礼聖地をつないでおり、そこにあまたの奇跡が語り継がれてきた。南フランスのトゥールーズの町を舞台にしたカンティーガ一七五番の物語も、その原型に類似するものが『聖ヤコブの書』に登場する。そこで巡礼者の命を救うのは聖ヤコブその人である。ところが『賛歌集』でその役割をになうのは聖母マリアである。それはイベリアにおける聖母信仰の高揚を背景としており、信仰対象の変遷を知るうえでも興味深い。

さらに『賛歌集』はそれまでの伝統にしたがって舞台をトゥールーズに設定したが、やがて舞台は移り、スペイン北部のサント・ドミンゴ・デ・ラ・カルサダが奇跡の場となっていく。いずれもサンティアゴ巡礼路上の町だが、聖地における奇跡伝承の取り込みがおこなわれたことを知るうえでも貴重な事例と言えよう。

二　南フランスの聖地にて

カンティーガ一五七番はロカマドゥールの聖母の奇跡の物語である。試訳を以下に示したい。

1　どのようにロカマドゥールへ向かう巡礼たちがある町で宿泊し、
2　そこの女将《おかみ》が彼らの携えてきた小麦粉を盗んだのか。

3　主は聖母を通じて悪事を犯した者をきびしく懲らしめ、
4　そして聖母を通じて、ただちに正しい心に改めさせる。

5　これについて、巡礼者たちに偉大な奇跡が示された。
6　彼らはロカマドゥールに向かった。聖母のもとへと。

ある町に宿泊した。私が知るとおり、わが友人たちである。
しかし、そこの女将がとんでもない悪さをしたのだ。
　主は聖母を通じて悪事を犯した者をきびしく懲らしめ……

巡礼たちは〔宿で〕売られたものをきちんと支払ったのに、
女将は彼らが携えてきた小麦粉が欲しくなった。
彼らはそれで揚げパンをこしらえ、その中のひとりが
新鮮なチーズをそこに加えた。それは夏のことだった。
　主は聖母を通じて悪事を犯した者をきびしく懲らしめ……

それに目がくらんで女将は小麦粉を盗んだ。
巡礼たちが旅立ったあと、彼らをまねて揚げパンを
すぐに作り始めた。そこへ悪魔がつけいり、
さっそくひとつ食べようとしたが、うまくいかない。
　主は聖母を通じて悪事を犯した者をきびしく懲らしめ……

食べようとして揚げパンをナイフで刺したところ、

どうしたことか、口の中にナイフを突き刺してしまい、
柄まで突き出て、手のひらの幅よりも長く、
頬を突き通してしまったため、抜けなくなった。
　主は聖母を通じて悪事を犯した者をきびしく懲らしめ……

医者が何人も来たが、技能も知恵も役に立たず、
どのようにしてもナイフを抜くことができなかった。
それがわかると、女将はロカマドゥールへ向かった。
聖マリアに祈るため。信者の誰もが求める所へ。
　主は聖母を通じて悪事を犯した者をきびしく懲らしめ……

すべての善良なキリスト教徒は、心から哀れみを
聖母に求める。それだから女将は泣きながら、
そこへ向かったのだ。そして罪を告白すると、
司祭がナイフを抜いてくれた。医者ではなく司祭が。
　主は聖母を通じて悪事を犯した者をきびしく懲らしめ……

ほどなくこの奇跡はその土地の周辺に知れわたり、
誰もがみな聖母に感謝を示し、聖母をたたえた。
栄光の処女《おとめ》、私たちの主〔イエス〕の母を。
この奇跡を知るがよい。あまり古いことではないのだから。
　主は聖母を通じて悪事を犯した者をきびしく懲らしめ……

中世の巡礼物語の中には、宿泊業者が悪巧みをして罪もない旅人が標的にされる話がいたって多い。ここでは宿屋の女将が悪事を働いてたちまちに罰がくだり、ロカマドゥールの聖母に救いを求めるという筋立てだった。ナイフが刺さったまま旅に出る場面など荒唐無稽の極みだが、現代とは異次元の世界の話だけに、そのまま耳を傾けていきたい。

巡礼者たちは「揚げパン」をこしらえたとある。原語の「フェイジョ」は現代ポルトガル語のフィリョのことだろう。オリーブ油で揚げたパンケーキで、ポルトガルの伝統的な菓子である。スペイン北西部のガリシア地方のフィジョアも同じものをさす。ところがそのガリシア出身のある学者はブニュエロだという〔Filgueira Valverde, 1985, p.263〕。小麦粉を溶いて揚げた団子のようなドーナツで、たしかに写本の挿画にはそれらしいものが描かれている。

一五七番はエル・エスコリアル写本Tの中で二葉を占めている。はじめに楽譜が掲載され、つづいて詩句が記される〔図10〕。次に挿画が配され、写本の一葉全部を使って六つの場面が展開する〔図11〕。最初の三場面は宿屋の内部、つづく三場面は教会の内部が舞台である。これまでと同じように、一段目の向かって左を第一場面とし、三段目の右の第六場面へ進んでいく。

第一場面には巡礼たちが大鍋で揚げ物をこしらえるようすが描かれている。鍋に浮かんだ団子を箸でころがし、揚げたてを皿に盛った。その脇でひとりの女性が客の方を気にしながら、旅行袋の中から小麦粉をくすねる最中である。宿屋の女将であろう。立てかけた杖に瓢箪《ひょうたん》がぶらさがっており、中世の絵画や彫刻に見られる巡礼者の水筒にちがいない。上段の文字は「どのように婦人が自分の家に泊まった巡礼たちから小麦粉を盗んだか」とある。

第二場面には同じ大釜の前にすわる女性が描かれている。揚げ物はできあがったようだが、ナイフが口に刺さり、頬を突き抜けて先端が飛び出てしまった。上段の文字は「どのようにその小麦粉で揚げパンを作り、ひとつ食べようとして、ナイフが口に刺さったか」とある。

第三場面には寝台に横たわる女性と介護にあたる人々が描かれている。男性ふたりが刺さったナイフを動かそうとしているが抜けそうもない。それに付き添う女性たちは心配しながらも、驚きあきれたようすである。上段の文字は「どのように医者たちが来てそれを抜こうとしたができなかったか」とある。

第四場面には台座に据えられた聖母子像のもとに集まった人々が描かれている。その先頭で、口にナイフが刺さったままの女性がひざまづいて祈る。天井に灯油ランプが吊《つる》してあるから、礼拝堂の内部だろう。上段の文字は「どのように彼女がナイフが抜けるように聖マリアに祈るためロカマドゥールに行ったか」とある。

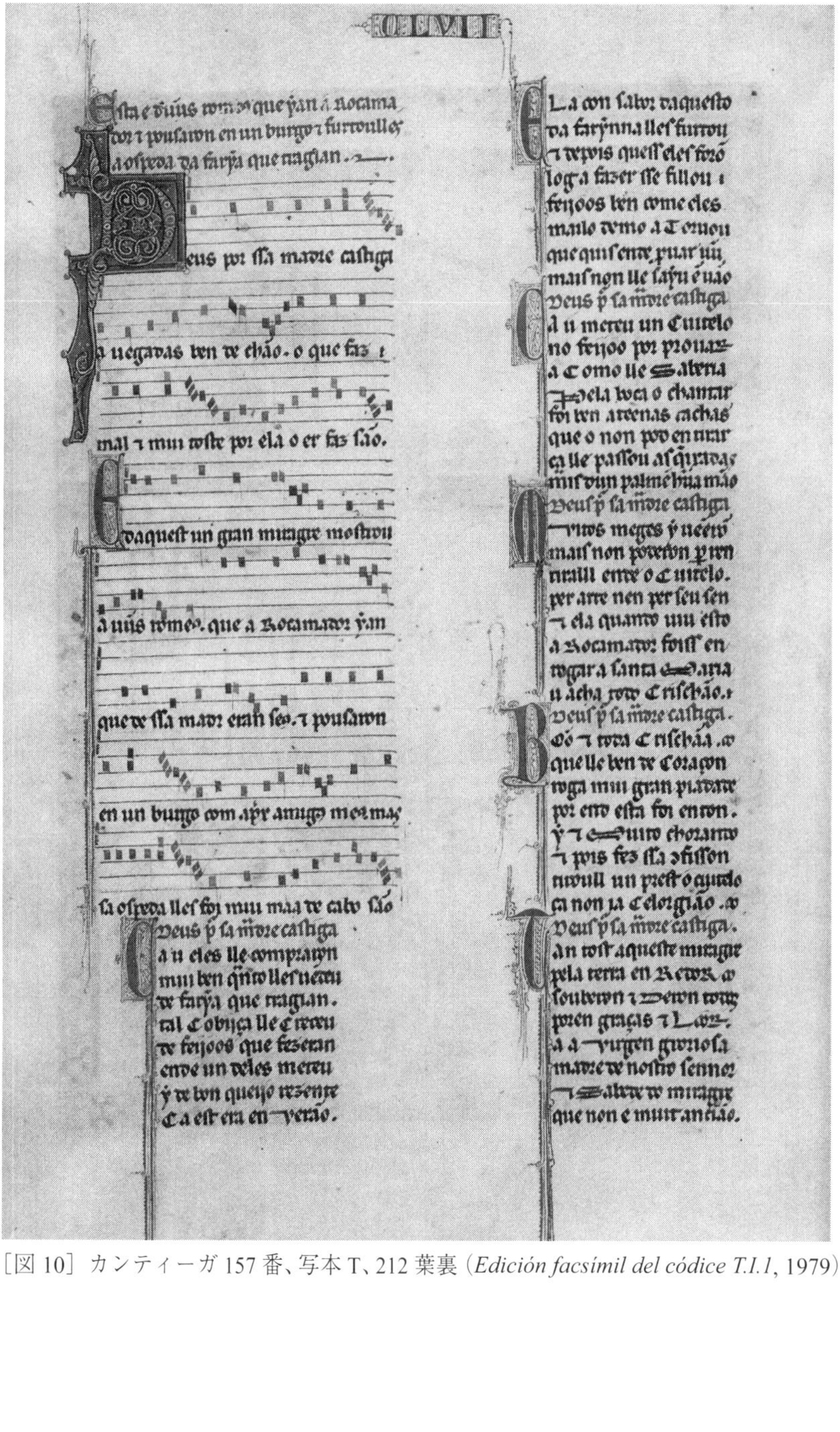

［図 10］カンティーガ 157 番、写本 T、212 葉裏（*Edición facsímil del códice T.I.1*, 1979）

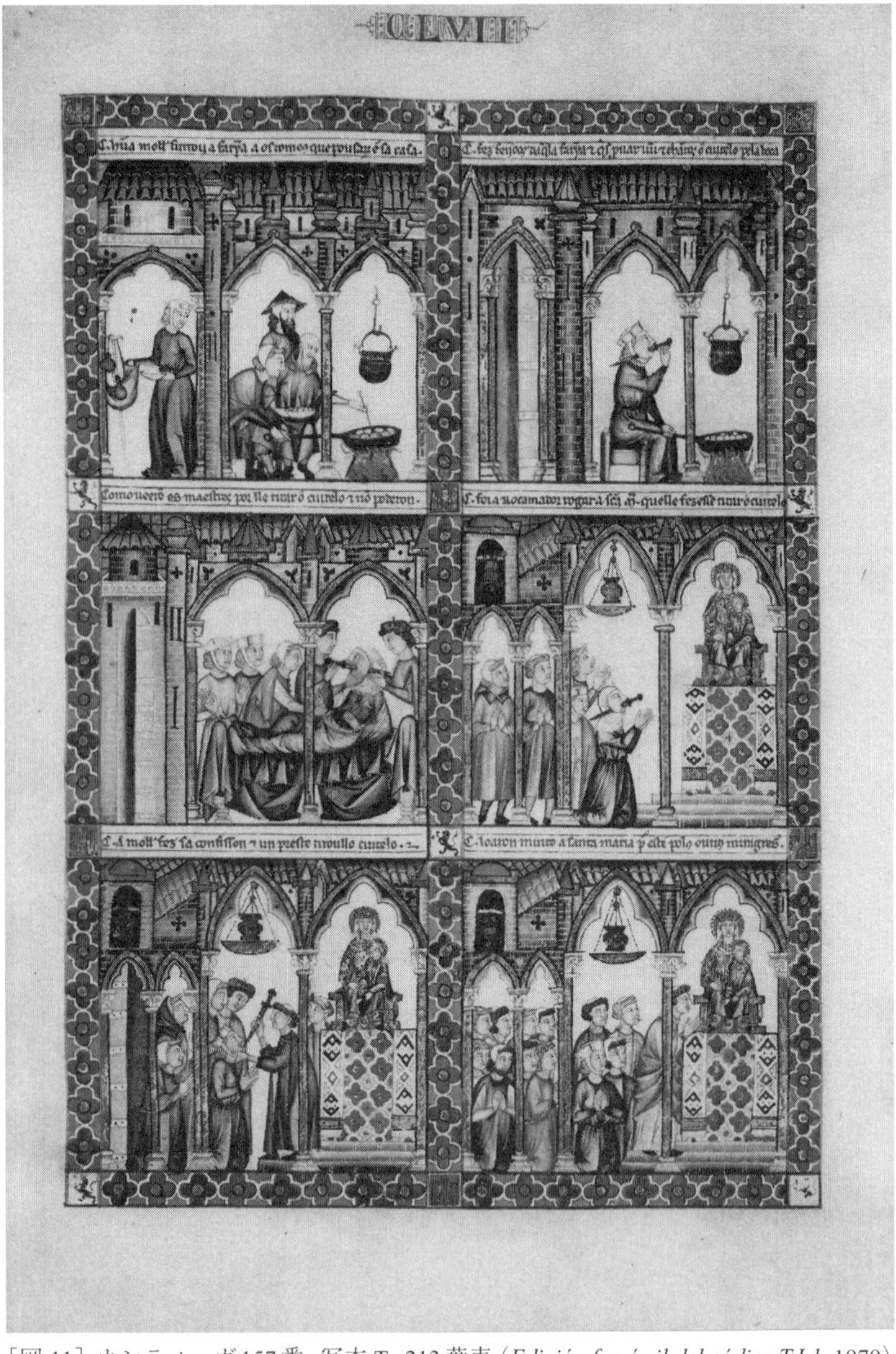

［図 11］カンティーガ 157 番、写本 T、213 葉表（*Edición facsímil del códice T.I.1*, 1979）

第五場面には聖母子像の前にたむろする人々が描かれている。女性の口からナイフが取り出された。ナイフを握る者は頭頂を剃っているので聖職者にちがいない。ナイフが抜けて誰もが喜んでいる。上段の文字は「どのように彼女が告白をおこない、そしてひとりの司祭がナイフを抜いたか」とある。

第六場面には同じ聖母子像のもとでそろって手を合わせる人々が描かれている。ひざまづく信者の最前列にはナイフを抜いてもらった女性の姿がある。像の近くにいるのは司祭や修道士。上段の文字は「どのようにこの奇跡とほかの奇跡に対して人々が聖マリアを大いにたたえたか」とある。

三　黒い聖母像の奇跡

ロカマドゥールの聖母像は南フランスから北スペインに多く見られる黒い聖母のひとつで、一二世紀に造られた木製の像である。切り立った岩壁にへばりつくように大小の礼拝堂が点在し、古くから伝説に彩《いろど》られた聖地として知られた。

『賛歌集』にその地名が登場する作品は一二篇ある。そのうち聖地を直接の舞台とした奇跡が語られるのは、この一五七番に加えて八番と一五三番と三四三番の合わせて四篇である。ロカマドゥールへの巡礼者がほかの場所で遭遇した奇跡が語られるのが四篇、聖所の名だけ登場するのが四篇ある。

カンティーガ八番は題辞に「どのように聖マリアがロカマドゥールで、彼女の前で歌う遍歴芸人のヴィオルのところまで一本のろうそくを降したか」とある。これはシグラールのペドロという遍歴芸人に起きた奇跡の物語である。

シグラールはドイツのケルン近郊の町ジーゲラーである。ドイツ人なら名はペーターだろう。「遍歴芸人」の原語は「ジョグラール」である。これは中世フランス語のジョグレール（現代フランス語のジョングルール）がもとであり、語源は「芸人」を意味するラテン語のイォクラトールである［Bloch et Wartburg, 1975, p.351］。吟遊詩人や吟唱詩人と訳されるトゥルバドゥールとの違いはかならずしも明瞭ではない。第一章で述べたとおり、トゥルバドゥールは詩作する詩人である。かたやジョングルールは既成の詩を語り、踊りや大道芸もなりわいとした。聴衆の求めに応じて即興で歌を改作したりもする［Rychner, 1955, p.17］。両者の境目は曖昧だが、トゥルバドゥールは詩作、ジョングルールは実演に重点があると言えるだろう。ここでは後者を「遍歴芸人」と呼ぶことにしたい。

遍歴芸人シグラールのペドロは「とても上手に歌い、巧みにヴィオルを奏でることができた。処女［マリア］の教会ではどこでも同じように歌を口ずさんだ」という。つづけて言う。

彼が口ずさんだ歌は、主の母を歌ったもの。
その像の前で、目に涙を浮かべながら。そして語った。
「ああ、栄光のお方。私の歌があなたの喜びとなるなら、
私たちのいる所にろうそくを一本ください」

遍歴芸人の歌に聖母は感じ、奇跡を起こしてこれに応えた。「彼のヴィオルのもとへろうそくを一本降した」という。ところが修道士が怪しんでろうそくをもとの場所に戻してしまい、遍歴芸人を「術師《サベドール》」かと疑った。しかしろうそくがふたたび降されると、それを見ていた人々は奇跡にちがいないと確信する。修道士は遍歴芸人の前にひれ伏し、聖母の名においてゆるしを乞うた。それから毎年、遍歴芸人はロカマドゥールの聖母のもとにろうそくを奉納しに来たという。

この物語はラテン語文献の中に簡略な形態のものがある。『ロカマドゥール聖母奇跡集』に収められ、「ヴィオルの上に降ったろうそくについて」と題する。試訳を以下に示したい［Albe, 1996, pp.142sq.］。

ある日［ジーゲラーのペトゥルス・イヴェルヌスは］、ロカマドゥールの聖母教会を訪れ、長いあいだ倦《う》むことなくヴィオルを弾き、ついで楽器の音に自分の声を合わせ、［像の方に］目を上げて言った。「ああ、至高のお方、もし私の演奏と歌があなたと主なる御子のお気に召したなら、その数や価値はわかりませんが、ここにさがっているろうそくを私への授け物にしてください」と。そして祈りを歌と、歌を祈りとひとつにした。するとろうそくが一本、彼の楽器の上に載るように降ってきたのを人々は目にした。

『ロカマドゥール聖母奇跡集』の編纂は一一七二年とされる［Rocacher, 1979, p.37］。したがって採録された奇跡物語の成立はそれ以前ということになる。一一四〇年以降に編纂された『聖ヤコブの書』にはサンティアゴ巡礼の案内記が含まれ、そこに「巡礼が訪れるべき聖ヤコブの道に眠る諸聖人の遺骸について」と題する章があって、ロカマドゥールの近くを通る巡礼路上の聖所が記してある［Vielliard, 1978, pp.48sq.］。しかしロカマドゥールの名はない。同地で聖アマドゥールの遺骸が発見されたのは一一六六年のこととされ、その数年後に奇跡集が編纂された。

ゴーティエ・ド・コワンシーは中世フランス語の『聖母の奇跡集』においてこの物語を取りあげた。「聖母像の前でヴィオル弾きのヴィオルの上に降ったろうそくについて」と題し、三五七行もの長編に拡大させた［Poquet, 1847, col.313sq.］。これは一二世紀の作品である。一世紀遅れるカンティーガ八番は五一行の小品だが、こちらは飄々《ひょうひょう》とした語り口が魅力である。

『賛歌集』のうちロカマドゥールを直接の舞台とする奇跡は、ほかに一五三番と三四三番に語られている。一五三番は題辞に「どのようにガスコーニュの婦人がロカマドゥールの聖マリア［の聖所］への巡礼を潔《いさぎよ》しとせず、自分のすわる椅子が連れていってくれるのでなければ、決してそこへは行かないと言い張ったか」とある。

ガスコーニュはロカマドゥールの南西にある地方で、そこに暮らす婦人がかたくなに巡礼をこばんでいた。勧めてやまない召し使いとのあいだに口論が始まる。「そのとき、たちまち椅子が軽やかに持ちあがり、栄光のお方の祭壇のもとに降りた」とある。椅子が空を飛んだのだ。これぞ「術師」のしわざと言うほかない。もちろんこの言葉は使われておらず、あくまで聖母の起こした奇跡という設定である。冒頭に「この出来事はずっと昔にガスコーニュで起きたこと」とある。話題としては新奇なものではない。オリエント世界に起源があることはまちがいないだろう。空飛ぶ絨毯《じゅうたん》を思い出させる。

カンティーガ三四三番は題辞に「どのように聖マリアが、口の利けない悪魔に憑《つ》かれた少女を癒やし、彼女を話せるようにしたか」とある。ロカマドゥールで起きた物語としてはほかの集成に採録されていないが、聖母伝や聖者伝にいくつも見られるやや類型的な内容である。やはり最初に取りあげた一五七番の物語は、ユーモラスなまでの奇抜さにおいて際立っていた。

四　生きつづける信仰

ロカマドゥールの聖母の信仰がイベリア半島で普及するうえで、一二一二年のラス・ナバス・デ・トローサの戦いがひとつの契機となった。アル・アンダルスでキリスト教諸国の連合軍がイスラーム勢力を破り、以後のレコンキスタにとって決定的な転機となる。このときカスティーリャ・レオン王国のアルフォンソ八世（一〇世王の曾祖父）のもとに、ポルトガルの第三代国王アフォンス二世の軍隊やフランスの騎士団も集結した。ローマ教皇インノケンティウス三世もこの戦いを支援したため、教会の勝利として位置づけられている。

この戦いよりも早く、イベリアの西部、現在のポルトガルではロカマドゥールの聖母の信仰が浸透していた［Gonçalves Coelho, 1912, p.42］。一一世紀の末年にポルトガル北部のブラガに大司教座が置かれ、フランス人のベネディクト修道会士がつづけて大司教に就任した。いずれもロカマドゥールの信仰圏に属する地域の出身者である。

聖アマドゥールの遺骸発見によってロカマドゥールへの巡礼がにわかに活気づくと、巡礼信心会や救護団体がそこかしこに組織され、ほどなくポルトガルにも導入される。第二代国王サンシュ一世は、一一九二年にもとコインブラ司教区に属したソザの聖堂騎士団教会をロカマドゥール巡礼信心会にささげた。この会は巡礼者のための救護施設を拡大させていき、ポルトとリスボンおよびその周辺に病院や宿泊所を設置した。中世の救護施設はそのままでは存続していないが、そこに付属した教会や礼拝堂のいくつかは改築を重ねて今も機能している。前述のラス・ナバスの戦い以後、ロカマドゥールの聖母像が次々と造られ、各地で奇跡を起こす像として崇拝された。これもたびたび造り替えられたものがソザやギマランイス、トーレス・ヴェドラス、サンタレンなどに現存している。

サンシュ一世のあと歴代のポルトガル国王による巡礼信心会への援助がつづけられ、アルフォンソ一〇世と同時代のアフォンス三世や次のディニス一世の時代にはさらに大規模になった。後者の外祖父がアルフォンソ一〇世であり、文芸活動においても大いに影響を受けたことは第一章に述べた。

歴代国王の事業はさらに進展していく。ディニス一世の王妃イザベル・デ・アラゴンはポルトガルの社会福祉活動を代表する最初の人物とされ、聖女に列聖された。一三一四年にミゼリコルディアと呼ばれる福祉事業をソザのロカマドゥールの聖母にささげた。彼女の始めた事業は世紀を越えて再興される。それは大航海時代の始まるときであり、やがて極東にまで伝えられた。

長い中世が終わる頃、サンティアゴ巡礼は徐々に衰退していった。それはロカマドゥールの巡礼も同じだった。本国で信仰が忘れられていく近世以降においてもなお、ユーラシアの西のはずれの異国においてロカマドゥールの聖母は崇拝を集めつづけた。それは、社会が変わっていく中でもつねに善行の実践と結びついていたためではないか。ポルトガルにおいて絶えることなく継続したロカマドゥールの聖母信仰の揺籃期に、アルフォンソ一〇世のカンティーガが位置したのである。

五　異端者のひそむ街

一七五番はサンティアゴ巡礼路上の町トゥールーズで起きた聖母の奇跡の物語である。エル・エスコリアル図書館所蔵のふたつの写本に伝えられているが、題辞に異同がある。写本Tには「これは息子とともにサンティアゴへ巡礼に向かったひとりの善人が不法にもトゥールーズで息子を絞首刑にされ、聖マリアが生き延びさせたこと」とある。カンティーガの本文には若干の文字の表記以外に大きな異同はない。写本Eを底本とする校訂本からの試訳を以下に示したい。

1　どのように聖マリアがひどい不法によって絞首刑にされた青年を
2　死から解放し、そうしむけた異端者が火あぶりにされたのか。

誠実な貴婦人である処女《おとめ》［マリア］は正しくおられ、
いつわりを主張する者に報復をもたらす。

これについて、私は驚くべき大いなる奇跡を語ろう。
それは聖マリアがドイツからの巡礼者を通じて示されたこと。
スペインの守護者である聖ヤコブのもとに向かう巡礼者が
ロカマドゥールを経てトゥールーズの町にやって来た。
誠実な貴婦人である処女は正しくおられ……

巡礼者はあらゆるものにまして聖マリアを愛し、
それだからいつも彼女に祈り、そして求めた。
連れてきた息子と自分を災難からお守りくださいと。
三位一体の主であるキリストの母だからこそ。
誠実な貴婦人である処女は正しくおられ……

男はトゥールーズの町に入るとすぐ宿を見つけた。
それとは知らずに、とんでもない異端者の宿屋を。

だが人々はそれを見て、とても驚いて
息子に告げた。その宿屋から出た方がよいと。
　誠実な貴婦人である処女は正しくおられ……

その異端者は悪意とうそいつわりに満ちており、
毎年のように多くの悪事を働いていた。
この善人がなんの被害もなくそこから立ち去れないよう、
そこにある銀の器をひそかにつかんだ。
　誠実な貴婦人である処女は正しくおられ……

息子の袋にそれをしのばせ、彼らが出発すると
急いであとを追いかけた。大声をあげながら、
新品の輝く銀の器を取っていったぞと。
彼らに追いつくと言った。「止まれ、止まれ」
　誠実な貴婦人である処女は正しくおられ……

巡礼たちはそのさまを見て驚いた。

31 代官が武装した者どもと来るのを見たのだから。
32 者どもは巡礼たちを捕らえ、すぐに取り調べて、
33 袋の中から器を見つけた。そのとおりになったのだ。
34 　誠実な貴婦人である処女は正しくおられ……

35 それを見つけるとすぐに、異端者は証言した。
36 この器は自分のもので、これを持っていた若者が
37 盗んだのだと。情け容赦のないその裁き人は
38 激怒してすぐに命じた。「この若者を絞首刑にしろ！」
39 　誠実な貴婦人である処女は正しくおられ……

40 者どもは残酷にも、すぐにそれを実行した。
41 父親の心痛を憐れむこともなく。
42 目の前で［息子が］絞首台にかけられてしまうと、
43 その魂を慈悲の聖母にゆだねたのである。
44 　誠実な貴婦人である処女は正しくおられ……

父親は誓ったとおりサンティアゴへ向かった。
しかしその帰り道、だまされて死んだ息子を
そのままにしてきた所へためらわずに向かった。
哀れに思って泣きながら、ずっとその姿を見つめていた。
　誠実な貴婦人である処女は正しくおられ……

父親が泣いていると、息子が話しかけた。
「お父さん、悲しまないで。私は生きているのだから。
神様と玉座にいる聖なる処女［マリア］が私を守り、
慈悲深く両手で私を支えているのです」
　誠実な貴婦人である処女は正しくおられ……

悲しんでいた父親は息子がそう語るのを聞くと、
トゥールーズの町へ走って行き、あの代官を呼んで、
いっしょに来てもらおうと、多くの人々に声をかけた。
無残な目に遭わされたのに無事でいた息子を見てもらうため。
　誠実な貴婦人である処女は正しくおられ……

60 絞首台にかけられて死んだはずが、悪人をおとしめ、
61 善人をひきあげる聖なる処女〔マリア〕は、そうならないように
62 両手で息子を支え、のどが締まらないようにした。
63 父親は言う。「友人たち、急いで行って降ろしてくれ」
64 　誠実な貴婦人である処女は正しくおられ……

65 人々は急いで行き、悲しみにとらわれた父親も
66 同行し、息子が生きていることがわかると
67 絞首台から降ろし、誰もが父親とともに大声をあげた。
68 そのため〔息子は〕言わねばならなかった。「お静かに」
69 　誠実な貴婦人である処女は正しくおられ……

70 人々が静まると、息子はことの全容を語った。
71 まる三か月のあいだ、ずっと絞首台の上にいたこと、
72 そこで処女〔マリア〕が助けてくれたことを。そして事件の
73 真相を語って懇願した。「あの異端者をここに呼んでください」
74 　誠実な貴婦人である処女は正しくおられ……

「あの男が私の袋に器を隠し、そうして残酷で不当な死を
もたらそうとしました。にもかかわらず、私が死ぬのを望まない
処女聖マリアが私を生かしてくださった。それだから
この事実のもとに、彼女に賛美をささげてください」
　誠実な貴婦人である処女は正しくおられ……

さっそくみなで、あの異端者をトゥールーズの町から
連れてくると、男は恥さらしな顔をして現れた。
人々は真相を知り、火の中へ投じる恐ろしい罰を
男にもたらして言った。「そこで楽しんでいろ！」
　誠実な貴婦人である処女は正しくおられ……

正義の母〔マリア〕は、このようなよい裁きを
あの誠実で正直な善人のためにおこない、
息子を生かし、そして貪欲な異端者を
悪事によってみずから招いた死に定めた。
　誠実な貴婦人である処女は正しくおられ……

90　それだから、友人たちよ、大いなる賛美をささげよう。
91　彼女はつねに悲しむ人たちを慰め、罪人《つみびと》をゆるし、
92　身分の高い者にも低い者にも、あらゆる人に恵みをもたらす。
93　だから彼女の気高い奇跡を大いにたたえよう。
94　誠実な貴婦人である処女は正しくおられ……

旅館の悪徳経営者があわれな旅人にぬれぎぬを着せ、そのひとりが無理無体に処刑されるが、聖母の奇跡の力で命をながらえた話である。中世以来この物語は異本がすこぶる多い。サンティアゴ巡礼路上が舞台となってからは、聖ヤコブがその救い手として定着していく。ここではその役割を聖母がになっていた。八行目に「ロカマドゥールを経て」とあるが、この地名を出すのは、これが聖母奇跡物語の一環として語られるからにちがいない。

一六行以下に「異端者《エレージ》」の語がたびたび登場する。舞台がトゥールーズであり、カンティーガが一三世紀の作品であることを考慮すれば、これはカタリ派の信者ということか［Fernández, 2011, p.416］。一〇五六年の教会会議で異端とされたカタリ派は、南フランスの大都市トゥールーズを重要な拠点としていた。当時のパリがおよびもつかないほどの高度な文化を誇っていたこの町に、各地からトゥルバドゥールが集まり文芸の花を咲かせた。しかし異端宣告後に教皇庁の命令によって討伐軍が組織され、信者は町を追われた。最後の砦《とりで》となったモンセギュールが一二四四年に陥落したのち、一世紀あまりのうちに残党も掃討さ

れる。したがって一三世紀の時点では、トゥールーズと言えばカタリ派の異端者がひそむ町というイメージが、いまだに払拭されていなかったのだろう。

三一行目に「代官《バイリ》」とある。三七行目に「裁き人《ジョスティサ》」とあり、五六行目にふたたび「代官」とある。いずれも同一人物であることが、写本Tに描かれた挿画からも明らかである。

カンティーガ一七五番は写本Tの中で五葉を占めている。はじめに三葉にわたって楽譜と詩句が記され、次に見開き二葉に挿画が配され、一二の場面が展開する〔図12、13〕。ここでは左ページ一段目の向かって左を第一場面とし、三段目の右を第六場面、つづいて右ページ一段目の左を第七場面、三段目の右を最終の第一二場面と呼ぶことにしたい。

第一場面には山中を歩む巡礼の親子が描かれている。道の両側は樹木に覆われた岩山で、木々の上を鳥が飛び交う。上段の文字は「どのようにひとりの男とその息子がサンティアゴへ巡礼に向かったか」とある。

第二場面には室内の情景が描かれている。右側には食卓で飲食する巡礼の親子、左側には彼らを気にしながら袋の中に器を入れようとする男の姿がある。上段の文字は「どのようにトゥールーズの宿屋の異端者が息子の食糧袋に銀の器を入れたか」とある。

第三場面にはふたたび戸外の情景が描かれている。右側には巡礼をつづける親子、左側には馬上の人に何事かを訴える男の姿がある。上段の文字は「どのように異端者が代官にふたりの巡礼が器を盗んだと告げに行ったか」とある。馬上の人がここに言う代官にちがいない。

第四場面にはつづいて戸外の情景が描かれている。馬上の人が先を行く巡礼者を制しており、何事かとふりかえる親子の姿がある。上段の文字は「どのように代官が巡礼者たちを追いかけ、彼らに『止まれ、止まれ』と言ったか」とある。

第五場面には戸外のものものしい情景が描かれている。槍を持った男たちが訴え人とともにおり、袋の中から器を取り出した。袋を手にする巡礼の息子と、ひざまづいて懇願する父親の姿がある。背後に馬に乗った男たち。上段の文字は「どのように代官が息子の食糧袋を調べさせ、人々がそこから器を見つけたか」とある。

第六場面には刑場のようすが描かれている。絞首台に息子が吊され、冠の女性がその足を両手で支えている。聖母であろう。その脇にひざまづく父親、それを尻目《しりめ》に槍をかかえて引き上げていく人々の姿がある。馬上からふりかえるのは、本文三七行目に「情け容赦のないその裁き人」とある代官か。上段の文字は「どのように人々が巡礼者の息子を絞首刑にし、聖マリアが彼を両手で支えたか」とある。以上が写本一葉目の挿画である。つづいて二葉目に進む。

一段目左の第七場面には教会内部の情景が描かれている。半円アーチの下に豪華な祭壇があり、その下には祈る人の姿がある。天上にはランプが灯《とも》る。上段の文字は「どのように父親がサンティアゴへの巡礼を果たし、そこで祈りをささげたか」とある。

第八場面にはふたたび刑場のようすが描かれている。絞首台にかけられた息子は冠の女性に支えられ、目を見開いて父親を見つめる。両脇に羽を広げた天使がかしずく。上段の文字は「どのように父親が

［図 12］カンティーガ 175 番、写本 T、233 葉裏（*Edición facsímil del códice T.I.1*, 1979）

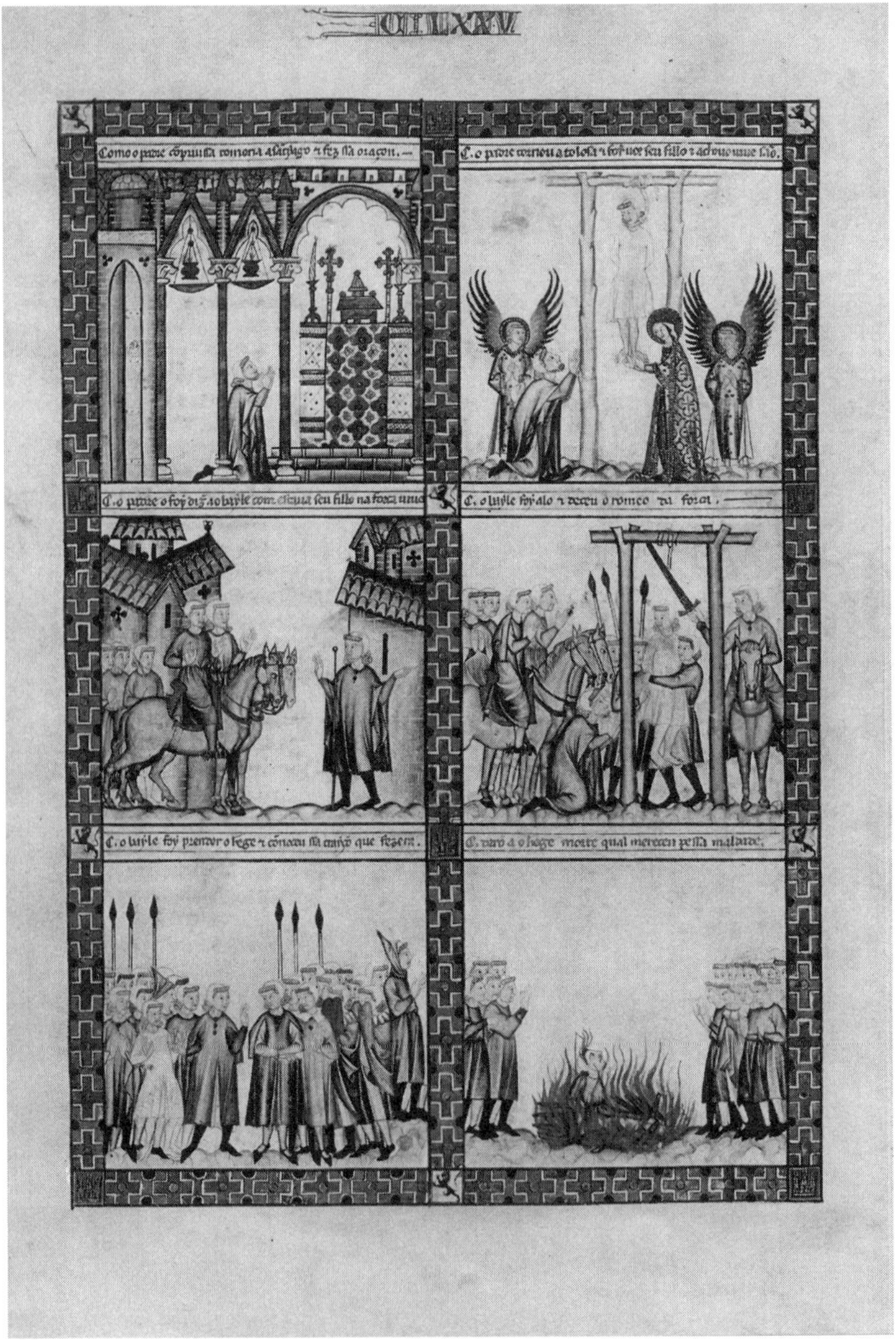

［図 13］カンティーガ175番、写本 T、234葉表（*Edición facsímil del códice T.I.1*, 1979）

トゥールーズへ戻り、息子のもとへ行き、無事に生きているのを見つけたか」とある。

第九場面には家々がひしめく町のようすが描かれている。右端に巡礼の父親、それに対する馬上の人々は代官と部下たちであろう。父親は代官に向かって何事かを説明するしぐさである。上段の文字は「どのように父親が代官に息子が絞首台の上で生きていることを告げに行ったか」とある。この「代官」は第三場面以下に登場したのと同一人物である。

第一〇場面には三たび刑場が描かれている。右端にいる馬上の人、すなわち代官の指図で部下たちが若者を絞首台から降ろすところである。喜ぶ父親の姿がある。上段の文字は「どのように代官がそこへ向かい、巡礼者を絞首台から降ろしたか」とある。

第一一場面には第五場面と類似の情景が描かれている。両者は写本を見開いたとき対応する位置にある。ここで詰問されているのは、かつて巡礼の親子を訴えた男である。上段の文字は「どのように代官が異端者を捕らえに行き、その者がなした非道な行為を知ったか」とある。画面右端の一段高い位置に、となりの場面を注視する人が描かれ、挿画の枠をまたいで次の場面につながる。

第一二場面には同じく戸外の情景が描かれている。材木を積み重ねた上に罪人を乗せて焚刑《ふんけい》が執行され、炎がまわって噴煙が立ちのぼる。人々が群がってそのようすに見入っている。上段の文字は「どのように人々がその異端者に対し、悪事に科するに値する死をあたえたか」とある。

六　物語の典拠と生成過程

このカンティーガの物語は『聖ヤコブの書』との関連が古くから指摘されてきた。第二書「聖ヤコブ奇跡集成」の第五章に対応する物語がある。サンティアゴ大聖堂に伝わる大部な書物の中でも、この話はほかを圧倒して普及した。一二六三年に完成したボーヴェのヴィンケンティウスの百科全書『大いなる鑑』にその要約が示された〔Vincentius Bellovacensis, *Patr. lat.*, CLXIII, col.1371〕。その後、あまたの聖者伝に取りあげられ、近世以降は演劇や小説に翻案されている〔Mariño Ferro, 2011, p.166〕。

スペイン北部のサンティアゴ巡礼路上の町サント・ドミンゴ・デ・ラ・カルサダに、この物語を記した写本が伝えられる。一二世紀前半のものとされたが、文献学的な精査を経たうえでの年代決定ではない。そのためか写本の発見から時間は経つものの、あまり注目されてこなかった。一九九五年に聖フルヘンシオ神学研究所の年報に、トマス・ラミレス・パスクアルが「聖ヤコブの奇跡と中世の口承伝統」と題する論文を掲載し、二〇〇四年にこれを補完する論文を発表した。ここには物語の生成過程を考えるうえで注目したい指摘がある。

問題の写本はカルサダ大聖堂の古文書館が所蔵する写本第二番に該当し、『修道院長の書』の総題を付した一六〇葉からなる神学論集である。同じ町のフランシスコ会修道院が一九世紀に廃絶した際に移管されたもので、委譲物件の目録に記載がある〔Ramírez Pascual, 1995, p.425〕。来歴に関しては、これ以上のことはわからない。写本三葉に聖ヤコブの奇跡物語が一三篇収録され、うち最初の二篇が注目される。以下に第一篇の試訳を示したい［Ramírez Pascual, 2004 p.117］。

イングランドの人たちが聖ヤコブに誓いを立てて船に乗り、道の先でトゥリア・カステラという村にたどり着いた。そこはコンポステラまで二日半の距離だった。宿屋の主人は彼らの所持金をねらって策略をめぐらせた。主人は彼らを酔わせてぐっすり眠らせ、父と旅をするフーゴネルという若者の袋に銀の器を入れた。主人は次の日の朝、彼らを追跡し、袋から器を見つけてその者を捕らえた。所持金を没収し、盗難の罪が立証されたとして、絞首刑にすることを行政官に要請した。若者は絞首刑に処された。しかし父親は巡礼の誓いを立てていたから、悲しみを抱きつつ巡礼をつづけた。息子のために使徒［ヤコブ］への祈りを絶やさなかった。そしていくたびか復讐を望み、極悪人どもがしたことに耐えるしかないわが身を責めた。しかし六日目に仲間とともに息子が絞首刑にされた場所に戻ってみると、息子が生きているのに気づいた。苦しみも痛みのあともなかったので、主と聖ヤコブを熱烈にたたえた。そして町の行政官によって息子は解放され、復讐を求めはしなかったが、［息子を］絞首刑にしようとだました者が絞首刑にされたのを見たのである。

ここでは巡礼はイングランドから来たとあり、親子ふたりではなく仲間連れである。舞台はトゥリア・カステラとある。かつて巡礼路上のレオン大司教区にこの名で呼ばれる教会があった［Flórez, XXXIV, 1784, p.226]。宿屋の主人は彼らの所持金欲しさに酒を飲ませたという。悪事の目的と手段が示されている。ここには「行政官《プレトール》」が登場する。司法官ではないことに注意したい。その後の展開はカンティーガの物語と大差ない。父親が六日目に戻ってみれば、聖ヤコブのおかげで息子は生きており、宿屋の主人は絞首刑になったとある。

カルサダ写本の第二篇も同様の物語である。分量は第一篇の三倍近くもあり、個々の記述を増広しただけの箇所も少なくないが、顕著な違いもいくつかある。冒頭に「どのようにテュートン人たちが聖ヤコブのもとへ行く誓いを立てたかを記憶すべきであろう。トゥールーズに着くと、彼らは宿屋の主人に歓迎された」とある。巡礼はテュートン人すなわちドイツ人だという。舞台はトゥールーズに変わった。そのあと宿屋の主人が彼らを酔わせて旅行袋に銀の器をしのばせ、翌朝追いかけていく筋立ては変わりがない。ところが次の場面で新たな展開がある［Ramírez Pascual, 2004, p.119］。

捜索がおこなわれ、ふたりにおおやけの裁きがもたらされた。すなわち、父親と息子に対し、旅行袋の中から器が出てきたので、不正にもその所持金はすべて没収され、有罪が立証されたうえは、彼らがそれを否定したところで罪状は確定した。そのとき裁判官が同情してひとりを釈放し、もうひとりに刑を執行するよう命じた。ああ、慈悲の心よ。父親は息子の釈放を望んで、自分に刑が執行されるよう求めた。反対に息子は言った。「父が子の代わりに処刑されるのはまちがっている。子が父の代わりに刑罰を受けるべきだ」――ああ、なんと健気《けなげ》な心よ。最終的に父親の望むところとならず、ふたりのうち息子が絞首刑に処せられることになった。そしてそのとおり実行された。

ここには「裁判官《イゥデクス》」が登場する。司法手続きは機械的だが、温情措置が示される。「ああ、慈悲の心よ」とある。そこで親子はたがいをかばいあい、息子が進んで絞首台におもむいた。「ああ、なんと健気な心よ」とある。この話が聴衆を前にして語られたなら、聞かせどころとなる場面ではないか。カルサダ写本第一篇にも聖母のカンティーガにもない展開である。

このあと父親はサンティアゴ巡礼を果たし、三六日後に戻ってみれば息子は生きている。聖ヤコブが支えてくれたという。父親は大急ぎで町へ行って人々を連れてきた。宿屋の主人のたくらみが露見し、「おおやけの裁きによって」絞首刑が言い渡されたとある。ここには裁判官はもはや登場しない。最後に教訓が示されて物語が閉じられる。すなわち「この例話が語るのは、ひとりひとりがあらゆる詐欺に用心すべきことである」という。

カルサダ写本のあとに『聖ヤコブの書』の奇跡物語を置いてみれば、記述がいくらか詳細になっただけで、基本的な筋立ては変わりないことがわかる。冒頭に「主の受肉の一〇九〇年に聖ヤコブのもとへ巡礼に旅立ったテュートン人たちの思い出を後世に伝えるのは喜ばしい」とある [Herbers y Santos Noia, 1998, p.164]。ここでは事件の年が示された。彼らはトゥールーズの宿屋に泊まって災難に遭う。以下の展開は同様であり、裁判の場で「慈悲の心よ」「健気な心よ」という感動の言葉が発せられる箇所など、カルサダ写本と異ならない。最後は各人があざむかれないようにとの注意に加え、さらなる教訓が示された。「慈悲深く行き届いた親切を巡礼者に示そうと専心する者は、主が巡礼者にあたえる限りない栄光の褒美を得られるように」とある。これはいかにも巡礼の終着点サンティアゴ大聖堂に伝わる書物にふさわしい結語と言えよう。

ここまで概観した三篇について、ラミレス・パスクアルは次のような成立の順序を想定した。すなわち、カルサダ写本第一篇が最初に書かれ、ついで同写本第二篇、最後に『聖ヤコブの書』の奇跡物語が成立したとする。その根拠として注目されるのは、司法制度のありようだという。宿屋の主人の陰謀で巡礼者があらぬ嫌疑をかけられたことに対し、官憲がどう対処したかが問題となる。

カルサダ写本第一篇には「行政官」が登場した。ここでは裁判はおこなわれていない。みずから被害者を名乗る人物の主張が一方的に通って処刑が執行される。のちに偽証が明らかになると、当人に同じ刑罰が適用される。ラミレス・パスクアルによれば、『ローマ法』が一般法として西ヨーロッパに普及するのは十字軍の時代以後のことであり、それ以前に書かれた物語では、司法にかかわる場面で地域ごとの現行法が適用されているという［Ramírez Pascual, 1995, p.433］。

カルサダ写本第二篇には「裁判官」が登場した。有罪が立証された後に刑が確定している。そのうえで情状酌量がはかられ、被告人同士が話し合うことも容認される。法律とその管理者が社会秩序を保証していた。そうした観念が根づいていく時代が背景にあるのだろう。教皇権が拡大し、神聖ローマ帝国の権威が失墜しつつある中で、『ローマ法』の普及による秩序の構築が期待された時代であった。したがってこれは一一世紀の末以後のことだという。『聖ヤコブの書』にこの点での違いはない。第二篇を核として増

郵 便 は が き

恐れ入りますが
切手を貼って
お出しください

160-0011

東京都新宿区若葉一－十六－十二

サンパウロ

宣教推進部 行

お名前《ふりがな》		
ご職業	男・女	歳
ご住所 〒		
Tel.	FAX.	
E-mail		

愛読者カード

ご購読ありがとうございます。今後の企画物の参考にさせていただきます。ご記入のうえご投函ください。

■お買い求めいただいた書名。

（　　　　　　　　　　　　　　　　　　　　　　）

■本書をお読みになったご感想。

■お買い求めになった書店名（　　　　　　　　　　）

■ご注文欄（送料別）　　☆サンパウロ図書目録（要・不要）

書　　　名	冊数	税抜金額

広したものと見なされ、三番目に位置づけられたのである。

ここでカンティーガ一七五番をかえりみれば、そこには権限の不確定な「代官」が登場するだけである。この者が「裁き人」という呼び名に置き換えられているが、物語の中ではただ激怒して一方的に絞首刑を言い渡すだけで、司法手続きをおこなう気配はない。カルサダ写本第一篇では宿屋の主人が悪事をたくらんだのは所持金の強奪が目的とされる。カンティーガでは主人は「異端者」というだけで悪事を働く者と見なされた。この違いをのぞけば、カルサダ写本第一篇だけでカンティーガの源泉とするには十分であろう。裁判官が温情を示したり、親子がかばいあう、物語の白眉とも言うべき場面は出てこない。一七五番はカルサダ写本第二篇や『聖ヤコブの書』を直接の典拠とはしていないと考えられる。

七　ローストチキンの鳴き声

この話はスペインではアオルカード・デスコルガードと呼ばれ、フランスではパンデュ・デパンデュと呼ばれてきた。どちらも響きのよさが印象的だが、日本語にすると「吊されなかった絞首刑者」になって干からびてしまう。この話にさらに尾ひれが加わった。

トゥールーズの北西の町コーモンの領主ノパール二世が一四一七年に聖地を巡礼した。翌年『サンティアゴ・デ・コンポステラとフィニステーレの聖母への旅』を著した。巡礼路上の町から町への距離が記しである。ただそれだけの即物的な記述だが、ひとつだけ奇特な見聞が挿入されている。「ナヘラからサント・ドミンゴ・デ・ラ・カルサダまで四リウ［約二〇キロ］。そこでかつて大いなる奇跡が起きた」とある［Grange, 1858, p.143］。ここで舞台はカルサダの町となった。以下のような内容である。

夫婦の巡礼が息子を連れてサンティアゴへ向かった。一泊した宿屋の女中が若者に心を動かしたが相手にされなかった。腹を立てた女中は宿屋にあった銀の器を若者の「肩掛け鞄」にひそませた。翌朝、女中は器が無くなっていることを主人に告げ、巡礼たちが盗んだにちがいないと主張した。主人はあとを追いかけて器を見つける。息子は法廷に連行され、絞首刑の判決を受けた。夫婦は旅をつづけ、戻ってみれば息子は生きている。「ひとりの紳士」が支えてくれたという。夫婦は裁判官に直訴した。ここからが新しい展開である。

夫婦は裁判官のもとに走り、息子は生きているのだから絞首台から降ろしてほしいと懇願した。裁判官はそんなことはあり得ないとして信じようとしない。夫婦は本当のことだと一日中強硬に主張した。裁判官は夕食を準備させ、火にかけたフライパンで雄鶏《おんどり》と雌鶏《めんどり》を焼かせた。もし主張のとおり［若者が生きている］なら、焼きあがりそうなこの鶏が鳴くだろうと言った。すると雄鶏と雌鶏はフライパンから飛び出て鳴いた。裁判官は驚き、人を集めて絞首台へ向かわせた。彼らは若者が元気で生きているのを認めて［絞首台から］降ろした。

そのあと女中は捕まって自白し、絞首刑に処された。そして、「今も教会には裁判官の目の前でフライパンから飛び出て鳴いたのと同じ種類の雄鶏と雌鶏がおり、私がこの目で見たところ、真っ白な鶏だった」とある。

ここでは宿屋の女中が悪事の張本人である。若者への恋慕が憎悪に変じたあげくの犯行だった。このくだりは旧約聖書『創世記』の物語が下敷きになっている［Réau, III/2, 1958, p.699］。エジプトのファラオの侍従長の妻が、ヘブライ人の使用人ヨセフを誘惑したが相手にされず、残していった上衣をたてに不倫の罪をなすりつけた話である。「肩掛け鞄」のことはあとで述べたい。縛り首になった息子を支えたのは「ひとりの紳士」とあるが、これは聖ヤコブにちがいない。

話のクライマックスはローストされたチキンが鳴いたことである。この旅行記が書かれた一四世紀においてもなお、カルサダの教会では白い鶏を飼っていたという。これは今も変わらない伝統である。筆者がここを訪れたのは三〇年も前だが、教会堂の礼拝所内に鶏小屋があって、本物の鶏が飼われていた。なんとも息の長い話である。

同じく舞台をカルサダに置いた物語は地元スペインでも語られた。一六〇六年に修道士ルイス・デ・ラ・ベーガの『カルサダの聖ドミンゴの生涯と奇跡の物語』が刊行された。ここではフランス人の夫婦が息子を連れてサンティアゴ巡礼に出かけ、カルサダの町に宿泊したとある。宿屋の娘が若者に思いをかけたが振られてしまい、外套《がいとう》の「頭巾《ずきん》の中に」銀の器を入れた。翌朝、娘が警吏に訴えて若者は捕縛され、絞首刑を宣告された。「上訴は認められなかった」という。絞首台に吊されたが、聖母マリアとこの町の聖者ドミンゴがともに支えてくれた。巡礼から戻った母親は、息子の訴えを聞いて直任官のいる官舎へ向かった。つづけて言う〔Vega, 1606, fol.110ro〕。

母親は急いでこの町の直任官のもとへ行って起きたことを語った。母親が到着した時、彼は食卓についており、焼いたか煮たかわからないが、雄鶏と雌鶏を食べる用意が調っていた。母親の言ったことに耳を傾けたが、それは思いつきか、はたまた母親の熱心と愛情のなせるまぼろしと断定し、追い返そうとして言った。「そんなものは思い違いに決まっている。おまえの息子が生きているなら、焼かれて食べるばかりになっているこの雄鶏と雌鶏も同じはずだ」――直任官がこう言った時、白い羽で覆われた雄鶏と雌鶏が元気よく跳ねあがり、今その姿を現したかのように、雄鶏が刻《とき》を告げた。これにたまげて食事を切りあげ、すぐに官舎を出て町の聖職者と住人を集めた。そろって若者が吊された所へ行くと、息子はそこへ連れてこられた時のままに生きて元気でいるのを見たのである。

物語の展開は一四世紀のフランスの記録と同じだが、世紀を経たなりの変化が細部に認められる。銀の器をひそませたのは、ラテン語文献では一貫して「マンティカ」とあった。この語は旅行用の袋と外套の両義があるが、それまでは袋の意で用いられてきた。ノパールの旅行記にも中世フランス語で「肩掛け袋《エシルペ》」とあった。これは肩から斜《はす》に掛ける帯が語源である〔Matsumura, 2015, p.1302〕。つまりショルダーバッグのこと。かたやルイス・デ・ラ・ベーガはスペイン語で外套の意に解したのだろう。「頭巾の中に」

入れたというからには、外套の頭巾にちがいない。

若者を捕縛したのは「警吏《フスティシア》」だった。後世のスペインでは裁判官を意味するが、ここでは逮捕に出動したので警官にあたる。一六世紀の文学作品にはこの意味で出てくる。「上訴は認められなかった」とあるけれども、実際には裁判はおこなわれていない。最後に母親が頼ったのはその土地の「直任官《コレヒドール》」である。都市に派遣された国王任命の官吏で、王室代理官とも訳される。地域の行政にも司法にも携わった［Ramírez Pascual, 1995, p.434］。小規模の村に配属されたのが「判官《アルカルデ》」で、カルデロン・デ・ラ・バルカの戯曲『サラメアの村長』に出てくる「村長」がそれにあたる。村を治めるだけでなく裁判権も有した。やはり一六世紀の物語である。

登場人物は代官から裁判官へ、さらに王室代理官へと変化した。それぞれの時代を反映してのことだが、内容もさまざまなプロットが継ぎ足されてゆたかになった。しかし近世になって新たに加わったものはない。中世そのままの奇跡物語として発展を終えたのである。この話はそっくりそのままポルトガルに伝わった。北部の町ポルトの北にあるバルセロスが舞台である。今もかの国では、あでやかに彩られた木製の鶏がいたるところで売られている。カンティーガに語られた物語は増幅を重ねた末に、イベリア西端の地で庶民の生活に根づいた説話となったのである。

八　港の聖マリアのもとへ

ロカマドゥールやサンティアゴ・デ・コンポステラとならんで『賛歌集』にしばしば登場する巡礼地のひとつに、サンタ・マリア・デル・プエルトがある。アンダルシア地方の南西、大西洋に面した港町で、二四篇ものカンティーガに歌われている。番号はすべて三〇〇番台である。これは前の章で述べたとおり、もっとも遅い成立段階に属しており、しかもイベリア内部にかかわる作品が多数を占めるようになった時期に位置する。

「港の聖マリア」と名づけられたサンタ・マリア・デル・プエルト、現在はエル・プエルト・デ・サンタ・マリアすなわち「聖マリアの港」と呼ばれ、以下にプエルトと略称することもあるが、ここはアルフォンソ一〇世の生涯における重要な場所として知られる。王の一生は、『賛歌集』をはじめとして学芸の諸分野にわたる華々しい業績に満ちているものの、また前半生の輝かしい武勲にもかかわらず、後半生は苦難の連続だった。外交問題の破綻や親族の不和に加え、自身の身体の不調が重なった。イスラームから奪回したこの美しい港町で、足の病におかされた王自身が奇跡の治癒にあずかることになる。その顛末《てんまつ》についてはは王の生涯のカンティーガをたどる第四章であつかう予定なので、ここでは巡礼の聖地としての側面だけを取りあげたい。

プエルトの町は、アンダルシア南部の平原をうるおしてカディス湾に注ぐグアダレーテ川の河口に位置する。ジブラルタルに近いこの地は、もっとも早くイスラームの勢力圏に入った。カンティーガ三二八番に、「セビーリャの王国にあるヘレスに近く、アルカナーテと呼ばれたところ」とある。アルカナーテの地名のもとはアラビア語のアル・カナーティルで、「橋《アーチ》」を意味する［Mettmann, IV, 1972, p.13］。

アルフォンソ王は父フェルナンド三世の意志をついでアフリカ遠征をくわだて、一二六〇年にこの港に船団を集結させた。同じ三二八番に「かつてこの良き場所にドン・アルフォンソ王は滞在した。それは誇り高い町サレに侵攻する艦隊を送ったときだった」とある。このとき王は隣接する港湾都市カディスを併合し、アルカナーテの名を「港の聖マリア」に変えた。「聖なる処女［マリア］がそうなされたのだ」と語られる。艦隊は夏の終わりに出航し、モロッコの海港サレを攻略して秋に帰還した。のちに王はこの地に教会を建立する。カンティーガ三九八番は次のように歌う。

そこにレオンとカスティーリャの王ドン・アルフォンソは、
気高くそして美しい教会を建てさせ、
建物と礼拝堂を聖マリアにささげた。
この聖所で多くの人々が彼女の名をたたえている。

プエルト市内のグアダレーテ川の河口近くにサン・マルコス城と呼ばれる城郭のよう建物がある。メスキータ（イスラームのモスク）を教会に造り替えたもので、後世に増築が重ねられた。これがカンティーガに歌われた聖マリアの教会である。三六七番に「塔と壁で囲まれた建物」とある。四基の塔を備え頑強な壁をめぐらせており、地中海沿岸に数多く見られる要塞型の教会にほかならない。その建設のさなかにも聖母は数々の奇跡を起こした。

カンティーガ三五六番は題辞に「どのように港の聖マリアが建立途上の教会の建物のために、グアダレーテ川を通じて木の橋をもたらしたか」とある。石材は豊富でも木材の不足する土地である。聖母は洪水を起こして橋の用材をもたらした。そのおかげで建設は工期どおりに終了したという。三五八番は建設現場に搬入された巨大な石材に、聖母がふさわしい場所をあたえたことを語る。また三六四番は工事中に起きた塔の崩落から作業員が救われた次第を語る。こうしていくつもの奇跡を経て完成した聖母の教会は、ほどなく巡礼の聖地として知られるようになった。

中世の人々が奇跡に期待したものはじつに多様であって、その解明は宗教史の重要な課題だが、イベリアに限っていえば、モーロ人（イスラーム教徒）に捕らわれた者の解放が目立っている。一一世紀の聖者シロスのドミンゴの起こした奇跡として語られるのは、ほとんどがモーロ人からの解放である［Melo Neto, 2010, p.52］。聖母のカンティーガの中では海難事故の救助の話も少なくない。だが、圧倒的に多いのは難病の治癒である。これこそ人々が巡礼に旅立つ動機の最たるものだった。

プエルトにかかわるカンティーガ二四篇のうち、奇跡の治癒を語るものは一一篇におよぶ。病気が九篇（うち一篇は家畜）と怪我《けが》が一篇、死者の蘇生が一篇ある。治癒の対象はさまざまだが、注目したいものがふたつある。ひとつは狂犬病であり、もうひとつは身体の障害である。

狂犬病の治癒を語るカンティーガは『賛歌集』に五篇あり、うち二篇はプエルトにかかわる。三七二番は題辞に「どのように狂犬病の婦人がニエブラから港の聖マリア［の聖地］を訪れ、聖マリアが夜中に現れて彼女を癒やしたか」とある。また、三九三番には症状の記述があり、狂犬病は「暗鬱《あんうつ》で強固で激烈な悪性の病で、そのすべてが悪魔のうちに潜んでいる」とある。今ではウイルス性の疾患であることが明らかだが、かつては精神錯乱をともなう症状が悪魔憑《つ》きを連想させたのか。それならば聖母や聖者の力に頼るしかなかったろう。

身体の障害にかかわるものは二篇あり、いずれも手足が不自由だった人の治癒が語られている。そのひとつ、カンティーガ三九一番は両脚がひどく曲がった少女の話である。父親は娘を治したい一心でプエルトまで歩いてきた。港の聖マリアにすがる思いで祈りつづけたある夜のこと、ついに奇跡が起きた。試訳を以下に示したい。

1　どのように港の聖マリアが、その地に巡礼に連れてこられた
2　両脚の不自由なひとりの少女を治したのか。

3　栄光の主［イエス］が死者をよみがえらせることができたように、
4　マリアもそうして［少女の］不自由な脚を治すことができた。

これについて高貴な栄光の后《きさき》［マリア］の名を負う
大いなる港において、彼女がおこなった奇跡を語ろう。
人が語るのを聞いたところでは、ヘレスで生まれ、
そこから来た体の不自由な少女に起きたことである。
　栄光の主が死者をよみがえらせることができたように……

私が知ったとおり、その少女の両脚は曲がっており、
前にあるべきところが後ろについているようだった。
父親は少女をそこへ巡礼に連れてきて、
その病を治すためにノヴェナの祈りをおこなった。
　栄光の主が死者をよみがえらせることができたように……

ある夜のことだった。少女が眠っていたとき
両脚がひどく痛みだして、目が覚めてしまった。
痛みはあまりに激しく、少女は大声で泣き叫び、
苦痛のあまり、もしや死ぬかと思うほどだった。
　栄光の主が死者をよみがえらせることができたように……

少女のかたわらに寝ていた父親が、なぜ泣くのかと
尋ねると、少女は言った。「処女《おとめ》［マリア］が
私の両脚を折り曲げて、彼女の祭壇に向かわせたので、
これまでにないほどの痛みを感じたからです」
　栄光の主が死者をよみがえらせることができたように……

そのとき、そこにいた人々がすぐに集まってきて、
少女の両脚を見たところ、両脚があるべきように
なっているのを知り、それ以上にはないほどに
よくなっているのを認めたのである。そこで人々は、
　栄光の主が死者をよみがえらせることができたように……

そうした奇跡をおこなう后［マリア］をたたえ、
誰もが涙を流し、額《ひたい》を地面につけて言った。
「あなたをたたえましょう。いつも私たちを助けるために
あなたが示してくださるあらゆる哀れみと恵みに対して。
　栄光の主が死者をよみがえらせることができたように……

それだから、罪をゆるし、あらゆる痛みを癒やしてくださる
善意にあふれた貴婦人であるあなたに賛美をささげます。
あなたの恵みがあるならば、私たちがあなたといっしょに
聖なる神の国に行かれるようにしてくださるように祈ります」
　栄光の主が死者をよみがえらせることができたように……

少女は「ヘレス」の町から来たという。プエルトの北西、現在のヘレス・デ・ラ・フロンテーラである。プエルトまでは四〇キロ近い距離がある。親子はそこを歩きづめに歩いてきた。港の教会に到着するとすぐに、「その病を治すためにノヴェナの祈りをおこなった」とある。これは九日のあいだ祈りつづけること、つまりおこもりの祈禱である。そのひたむきな信心に聖母は応えたのだ。

アルフォンソ王の在世中にカスティーリャ・レオン王国に編入されたサンタ・マリア・デル・プエルトは、かくしてたちまちのうちに奇跡の治癒をもたらす聖地となって巡礼を引きつけた。そして『賛歌集』の編纂が進む中でいくつものカンティーガに歌われるに至った。

カンティーガの数が増大するにつれ、イベリアの内部をあつかう作品が増えていくことは前の章で述べた。本章の範囲でも、ロカマドゥールはピレネーの彼方にあり、サンティアゴはイベリアの枠を越えたヨーロッパ規模の巡礼地だった。アンダルシアの港町が聖地としてにわかに脚光を浴びていく背景には、人々の目が、そして誰よりも王の目が内向きになっていく視線の変化があったにちがいない。さらに教会が完

成してまもなく、王自身の病が聖母の力によって癒やされたことも大きなきっかけとなったであろう。それは次の章でたどりたい。

第四章　王の生涯のカンティーガ

一　葛藤と闘病の後半生

ここまで奇跡と聖地巡礼にかかわるカンティーガのいくつかを取りあげてきた。前章の最後に王の身に起きた奇跡に言及し、サンタ・マリア・デル・プエルトすなわち「港の聖マリア」と呼ばれたその場所が巡礼の聖地に変貌していくことにふれた。ここでその次第を語ったカンティーガを読むに先立ち、あらためてアルフォンソ一〇世のこの時期の動向をふりかえってみたい。

さかのぼってカスティーリャの王アルフォンソ八世は一二一二年にラス・ナバス・デ・トローサの戦いに勝利した。イスラーム勢力とキリスト教諸国の形勢を決定的に逆転させたこの戦い以後、アル・アンダルスのイスラーム政権は分裂をくりかえした。この機会を逃さず、孫のフェルナンド三世、すなわちアルフォンソ一〇世の父王はカスティーリャとレオンを統合したのち、レコンキスタを推進させる。一二三六年に古都コルドバを占拠し、四八年にはセビーリャの攻略に成功した。

フェルナンド三世はさらに攻勢を強め、アフリカ遠征の計画をめぐらしたが、はからずも病におかされてセビーリャで没する。一二五二年のことだった。代わって即位したアルフォンソ一〇世は父王の意志を受け継ぎ、サンタ・マリア・デル・プエルトに艦隊を集結させてモロッコの港湾都市サレに侵攻した。これは一二六〇年のことで、カンティーガ三二八番に語られていた。ついでアル・アンダルス諸都市の奪回に着手し、一二六二年にニエブラを攻略、翌々年以降にヘレスを服属させた。それに前後して地中海に臨むムルシア王国を併合している。いずれも第一章で読んだ『賛歌集』の序詩「カスティーリャの王」が語るところである。

このころがアルフォンソ王にとって絶頂の時期であったかもしれない。グラナダのイスラーム王朝をのぞき、広大なアンダルシア大平原からポルトガル西南のアルガルヴェまで支配を広げた。セビーリャに宮廷を置いて、学者たちとさまざまな書物の編纂を企画し、詩人たちと詩作にいそしんだ。だが、こうした平穏な時間は長くはつづかなかった。やがてアル・アンダルスでは反乱が頻発し、そのうえ親族の離反が王の心を傷めた。さらに王自身の病がこれに追い打ちをかけたのである。

アルフォンソ王の後半生は肉親との葛藤と闘病にあけくれた。前者については後で述べるとして、後者についてはその遠因とされるものが指摘されている。王の妻ビオランテの父であるアラゴン王ジャウマ一世の『事績録』に記載がある。一二六九年に義父のもとを訪れてクリスマスを過ごしたのち、カスティーリャに帰還する途上のことだった。アルフォンソ王は「ブルゴスで馬に蹴られた一撃で、床に就くほどの重い病となった」とある〔González Jiménez y Carmona Ruiz, 2012, p.61〕。ブルゴスはスペイン北東のアラゴンとカスティーリャを結ぶ交通の要所で、王はここで六月まで療養することになる。顔の傷が悪化して癌腫《がんしゅ》の原因となり、その転移が一二八四年の王の死までつづくことになったという〔Corti, 2002, p.84〕。ただし、それ以前にも王の病のことはカンティーガにいくつも語られている。あるいは体質から来るものもあったのではないか。

二　こらえがたいこの病

カンティーガ三六七番はサンタ・マリア・デル・プエルトで王の身に起きた奇跡の治癒を語る。王自身が聖母マリアに救いを求め、みずから建立した港の教会へ向かった。試訳を以下に示したい。

どのように港の聖マリアがドン・アルフォンソ王の
重い病を癒やしたのか。その病は脚を腫れあがらせ、
脚衣を履くことができないほどの重症であった。

聖マリアは彼女を信じる者に
うるわしく大いなる奇跡をおこなう。

聖マリアに祈り、彼女に仕え、
彼女をたたえ、慕う者が
たとえ寝床や寝台にひどく苦しんで
臥していても、彼女は癒やしてくださる。

　聖マリアは彼女を信じる者に……

これについて、聖マリアがおこなった
大いなる奇跡をあなた方に知らせたい。
夜も昼もどんな時にも恵みを望み、
それを見いだす人に知らせたい。
　聖マリアは彼女を信じる者に……

それはカスティーリャ、および
サンティアゴ・デ・コンポステラの王に起きたこと。
王がアンダルシアに建てた美しい教会を
見に訪れたときのことだった。
　聖マリアは彼女を信じる者に……

それは[天上で]戴冠したマリアをたたえて
わずかな期間で完成した教会で起きた。
それはこの場所にとって欠かせない

塔と壁で囲まれた建物だった。
　聖マリアは彼女を信じる者に……

王はセビーリャでひどく重い病を
患っていた。それは［ほどなく］
たくらみに満ちた悪魔を踏みつけた
彼女の力で癒やされたのである。
　聖マリアは彼女を信じる者に……

この病が癒えたのち、それから
王は、そのようなことが起きた
いとも聖なる場所に行くことを
切望し、巡礼におもむいた。
　聖マリアは彼女を信じる者に……

たとえそこが海路や陸路によるところであれ、
また悪天候に悩まされることがあっても、

へりくだって自分に仕える者を
［マリアは］あやまたず大切に導くであろう。
　聖マリアは彼女を信じる者に……

王が海路を進むうち、両脚はひどく腫れ、
［炎症で］赤くなるまでになったので、
この病から容易には癒えないだろうと
誰もが思うほどだった。
　聖マリアは彼女を信じる者に……

もはや靴が履けなくなるくらい
両脚は腫れあがってしまい、
ついには皮膚が裂け、そこから
黄ばんだ体液が流れ出た。
　聖マリアは彼女を信じる者に……

それでも王は疑うことなく、

52 処女マリアに希望のすべてを抱いて、
53 そのためにとまどうことなく、
54 あたう限り〔聖マリアの〕港に急いだ。
55 　聖マリアは彼女を信じる者に……

56 王は金曜日にこの処女《おとめ》〔マリア〕の教会に
57 到着し、その祝福があるようにと、
58 こらえがたいこの病を抱きながら、
59 徹夜で祈るため、その祭壇の前に進んだ。
60 　聖マリアは彼女を信じる者に……

61 教会の司祭たちが朝の祈りを始め、
62 おごそかに〔祈りの言葉を〕唱えると、
63 そのとき、王の両脚の腫れが引き、
64 この病から解放されたのである。
65 　聖マリアは彼女を信じる者に……

王と臣下の誰もが、この大いなる奇跡を
目にするや、主なる神からの救いを
私たちにもたらしてくださり、喜びを
あたえてくださるお方を大いにたたえた。
　聖マリアは彼女を信じる者に……

題辞に「脚衣《カルサス》」（ズボンではなく、タイツのようなもの）を履くことができないとあり、四七行目に「靴」が履けないとある。皮膚が裂けて体液が流れ出すという痛々しさだった。「こらえがたいこの病」と五八行目にあるが、いったい何の病だったのか。

王が巡礼におもむいた教会は「塔と壁で囲まれた建物」だったと二三行目にある。前章で述べたとおり、現在サン・マルコス城と呼ばれる教会の遺構は、たしかに四基の塔と分厚い壁を備えている。建立はサンタ・マリア・デル・プエルトがカスティーリャ・レオン王国に編入された一二六〇年以後のことだから、このカンティーガもそれにいくらか遅れる時期の作と考えられる。

二八行目以下に「たくらみに満ちた悪魔を踏みつけた彼女の力で癒やされた」とある。これはマリアが蛇を踏みつける姿を想起させる。アダムとエバをたぶらかして原罪をもたらした蛇がここに言う悪魔であり、それを踏む姿は無原罪の聖母の形象そのものである。次の第五章でくわしくたどりたい。

五六行目に「王は金曜日にこの処女「マリア」の教会に到着し」とある。翌日の土曜日は聖母に祈る日とされてきた。したがってその前夜に着くことをめざしたのだろう。土曜日に聖母に祈る習慣は、八世紀にシャルルマーニュの宮廷で典礼改革をおこなったアルクインに始まる。このとき各週日におこなう信心ミサの式文がまとめられ、土曜日に読まれるべきものとして聖母のミサ式文が作成された［Alcuinus, *Patr. lat.*, CI, col.586sq.］。これがやがて西ヨーロッパで普及していく。スペインでは今も特定の祝祭日のない土曜日を「マリアの汚れなき御心《みこころ》」の日としている。その前夜、王は「徹夜で祈るため、その祭壇の前に進んだ」と五九行目にある。「徹夜で祈る」と訳した語「ヴェジア」は教会ラテン語の「ヴィジリア」にあたり、祝日前夜の徹夜の祈りを意味する。

三六七番はエル・エスコリアル写本Eの二葉を占め、楽譜と詩句が記される。挿画は掲載されていない。これはアルフォンソ王自身の生涯にかかわるカンティーガのひとつであり、王が患った痛ましい病を語っていた。ここでは王を三人称で呼ぶが、次に読む作品のように一人称を用いたものもある。そこには満身創痍《そうい》ともいうべき人の苦しみが語られている。

三　医師の処方もおよばない

カンティーガ二〇九番は題辞をのぞく本篇が王自身の作とされてきた貴重な作品である。王の肉声が聞こえてくるだろうか。試訳を以下に示したい。

どのようにカスティーリャのドン・アルフォンソ王がビトリアで
病にかかり、亡くなると誰もが思うほど激しい苦痛に襲われたが、
聖マリアのカンティーガの本を王のもとに置き、
そして癒やされたか。

たいへんな大罪を犯し、過ちにおちいるのは、
主［なる神］を否定し、主がもたらす恵みを否定する者。

だが私は決してこのような過ちにおちいらない。
主からいただく恵みを語らずにはいないのだから。
恵みはいつも愛する母なる処女《おとめ》［マリア］を通じてもたらされる。
喜んでたたえるべきお方は彼女のほかにはいない。
　たいへんな大罪を犯し、過ちにおちいるのは……

この貴婦人がなされることをたたえるのを
大きな喜びとしないことがあろうか。
彼女は私を悲しみの中から救い、痛みを取り除き、

ほかにも多くの恩恵をもたらしてくださる。
　たいへんな大罪を犯し、過ちにおちいるのは……

それだから私の身に起きたことをあなた方に語ろう。
それはビトリアで病に臥せっていたとき、
人々はみな、私がそこで死ぬだろうと思ったほどで、
回復するとは誰も期待しなかったのである。
　たいへんな大罪を犯し、過ちにおちいるのは……

それほどの痛みが私を捕らえていたため、
私自身も死ぬにちがいないと思い、
泣き叫んだ。「聖マリア、お救いください。
あなたのお力でこの病を取り除いてください」
　たいへんな大罪を犯し、過ちにおちいるのは……

医師たちは温めた布を私にかけるよう命じたが、
しかし私はそうされることを望まず、

彼女［マリア］の本を持ってくるよう命じ、
私のもとに置くと、すぐに心が穏やかになった。
　たいへんな大罪を犯し、過ちにおちいるのは……

私は泣き叫ぶこともなく、なんらの痛みも
感じることなく、すぐに心地よくなった。
聖マリアが私の病を案じられたことを知って、
そのとき私は彼女に感謝をささげたのである。
　たいへんな大罪を犯し、過ちにおちいるのは……

このことがあったとき、多くの者がその場におり、
私の苦痛に対してひどく同情を示し、
涙を流すありさまで、私の前にそろって
列をなすようにしてならんだのである。
　たいへんな大罪を犯し、過ちにおちいるのは……

そして彼らがこの聖なる処女、いとも尊い貴婦人が

43 私になされた恵みを目にすると、
44 誰もが彼女を心からたたえ、みなそれぞれに
45 額を床につけ〔礼拝し〕たのである。
46 たいへんな大罪を犯し、過ちにおちいるのは……

作品の舞台であるビトリアはスペイン最北東のバスク地方の中心都市で、この時代にはカスティーリャ・レオン王国に属していた。資料によって確証できる王のビトリア滞在は、一二七六年九月から翌七七年三月までの半年間である〔González Jiménez y Carmona Ruiz, 2012, p.80〕。

題辞に「聖マリアのカンティーガの本」とある。二九行目に「彼女の本を持ってくるよう命じ」たのも同じ書物である。これは『賛歌集』の最初の編纂書である一〇〇篇のカンティーガの集成と考えられている〔Mettmann, II, 1988, p.259〕。現在のトレド写本Ｔｏの原本にあたる手稿本（もしくはその写し）であろう。王が心血をかたむけて編纂した聖母をたたえる書物の力は、どんな医師の処方もおよばないものだった。

亡くなるまでの長きにわたり、『賛歌集』は王とともにありつづけた。一二八四年一月一〇日の日付を有する記録がある。帰天の数週間前に記された二度目の遺言であり、そこには「聖マリアの奇跡と賛美の歌のすべての本を、私たちの遺体が葬られるこの教会に納め、聖マリアと私たちの主の祝日にそれが歌われるよう命じる」とある〔González Jiménez, 1991, p.560〕。この遺命は遵守された。

カンティーガ二〇九番は写本Ｅとフィレンツェ写本Ｆに掲載されている。写本Ｅでは一葉に楽譜と詩句

が記される。写本Fでは二葉を占め、音符のない譜線と詩句が記される。次に挿画が配され、写本の一葉全部を使って六つの場面が展開する〔図14〕。これまでと同じように、一段目の向かって左を第一場面とし、三段目の右の第六場面へ進んでいく。

第一場面には寝台に横たわる王が描かれている。苦痛の表情があらわである。孔雀《くじゃく》の羽の団扇《うちわ》をかざす従者と、王の症状に困惑しながら語りあう人の姿がある。上段の文字は「どのように王ドン・アルフォンソは、誰もが〔王は〕亡くなると思うほどの苦痛に襲われたか」とある。

第二場面以下も同じ情景で、帽子をかぶった人物が王に布をさしだすさまが描かれている。カンティーガに語られたとおり、医師が温めた布を勧めているのだろう。王はこれを拒むしぐさである。顔を覆って泣く人の姿が目を引く。上段の文字は「どのように医師たちが温めた布を王にかけようとしたが、王はそれを欲しなかったか」とある。

第三場面には頭頂を剃った聖職者が王に書物をさしだすさまが描かれている。留め金のついた書物である。王は安堵のおももちで手を合わせている。上段の文字は「どのように王はみずから作った聖マリアのカンティーガの本を持ってくるように命じたか」とある。

第四場面には王が臥したまま書物を開く姿が描かれている。従者たちが王の間近にかがみこむ。やすらぎに満ちた王の表情は、カンティーガに「すぐに心が穏やかになった」とあるとおりだろう。上段の文字は「どのように〔王は〕聖マリアの書物を開き、苦痛のうちにそれを自分のもとに置いたか」とある。

第五場面には王が上体を起こして書物に口づけする姿が描かれている。従者はみな立ち上がって驚きの

［図 14］カンティーガ 209 番、フィレンツェ写本 F、119 葉裏（*Edición facsímil del códice de Florencia*, 1991）

表情を示す。上段の文字は「どのように王はすぐに元気になり、なんら苦痛を感じず、聖マリアをたたえたか」とある。

第六場面には王が天を仰いで感謝をささげる姿が描かれている。周囲の人々は床にひざまづき、あるいは天を見上げて手を合わせた。上段の文字は「どのように王と、そこにいたほかの誰もが大いに聖マリアをたたえ、額を床につけ〔礼拝し〕たか」とある。

全場面がひとしく王の病床を舞台としていた。王は臥してもなお王冠をつけ、寝台にカスティーリャ・レオン王国の紋章があしらってある。ビトリアの宮廷の一室であろう。舞台設定はまったく同一でありながら、物語の進行とともにその場をとりまく空気が変わっていく。はじめは陰鬱な室内だった。やがて穏やかな時間が流れはじめ、最後は歓喜に包まれていく。「恵みはいつも愛する母なる処女《おとめ》〔マリア〕を通してもたらされる」と語られた奇跡がここに現出したのである。

四　アルフォンソ王の肉声

このカンティーガ二〇九番はアルフォンソ王がみずからつづったとされる。振り返ってみれば、『賛歌集』は誰が書いたのかという問題は、未解決のまま残されていた。かつてはカンティーガの多くが王の自作と考えられていたが、その見方は修正されつつある。『賛歌集』以外の編纂物について言えば、王が関与したのは最初の企画段階と最後の仕上げの段階に限定して理解されている〔García Solalinde, 1915, p.286〕。『賛歌集』については、アイラス・ヌーネスという名が注目を集めてきた。晩年のアルフォンソ王に近侍し、後継のサンチョ四世にも仕えた人である。彼が多くのカンティーガを作り、宮廷のトロバドールとともに『賛歌集』の編纂に関与したとされるが、それを疑問視する意見もある〔Lanciani e Tavani, 1993, p.27〕。王自身の実質的なかかわりが想定されるのは、今ではわずか八篇にしぼられている。それさえもどこまで王の言葉を伝えているのか確証できない〔Mettmann, I, 1986, p.19〕。

八篇のうち「賛美の歌」が四篇ある。いずれも特定の主題をもたず、一人称で語られる祈りの詩句があるにすぎない。残る四篇は一六九番と二〇九番と二七九番と四〇一番である。このうち先ほど読んだ二〇九番は、詩法も語彙も練達のトロバドールのそれと異ならず、彼らの手が加わっていることが考えられる。一六九番も四〇一番も同様である。その点で二七九番だけはやや特異な存在ではないか。試訳を以下に示したい。

1　どのように王が患っていた大病から癒やしてくださる恵みを
2　聖マリアに願い、力ある貴婦人〔マリア〕が
3　王を癒やされたか。

4　聖マリア、お救いください。ああ、わが貴婦人。

あなたのトロバドールを助けてください。
彼は病んでいるのだから。

それほどの重い病とひどい痛みに、
　聖マリア、お救いください。ああ、わが貴婦人。
あなたをたたえるこの者が苦しんでおり、
　聖マリア、お救いください。ああ、わが貴婦人。
おぼしめしで今すぐ癒やされるなら、
彼は口にするだろう。「ああ」
　聖マリア、お救いください。ああ、わが貴婦人。

主［なる神］はあなたに何よりのことをなされ、
私たちを主にとりなす方としてあたえ、
今はこの試練のなかで助けてくださる方として
私に臨まれた。
　聖マリア、お救いください。ああ、わが貴婦人。

私は死んでしまうのかとおびえるほどに、
その病は体のあらゆるところにおよび、
一層の青白い色にした。それはまるで
カンブレ［の布］のように。
　聖マリア、お救いください。ああ、わが貴婦人。

そのときあらゆる恵みを授ける方、
病を癒やす方は何をされたか。
マリアは熱を抑え、有害な濁った体液を
取り除かれたのである。
　聖マリア、お救いください。ああ、わが貴婦人。

王は聖母のトロバドールをもってみずからを任じる。これは『賛歌集』の序詩「聖マリアのトロバドールとして」に通じあう。そのうえで王は「あなたのトロバドールを助けてください」と懇願する。「あなたをたたえるこの者」が苦しんでいるのだと聖母にあわれみを乞う。聖母を主に「とりなす方」つまり仲介者と頼み、また「助けてくださる方」つまり救助者として期待する。さらに「あらゆる恵みを授ける方」と呼び、「病を癒やす方」とも呼んでいる。たたみかけるように聖母の別称を連呼していく手法は、教会典礼で唱える連願《リタニア》を思わせる。

二二行目の「カンブレ」は北フランスの町の名で、上質のリネンの産地として知られた。蒼白になった王の顔色を透き通るまでの布の白さにたとえたのである。王の病の深刻さを語っている。そうした中で詩行ごとにくりかえされていく「聖マリア、お救いください。ああ、わが貴婦人」という響きは、技巧にあふれたどんなカンティーガよりも力強い。たとえ王の自作がこれ一篇だったとしても、『賛歌集』に加えられたことは何より貴重だと思う。

二七九番は写本Eとトレド写本Toに掲載されている。写本Eでは二葉を占め、楽譜と詩句が記される。写本Toでは、末尾に置かれた聖母の奇跡のカンティーガ一五篇のうち一〇番目にあたり、二葉に楽譜と詩句が記される。いずれにも挿画は含まれない。

わずか二八行のカンティーガだが、詩法は独特である。四行目から六行目まではエストリビージョ（反復句《リフレイン》）である。第一詩節は七行目から一一行目まで各行ごとにエストリビージョの最初の一行をはさむ。第二詩節以下は末尾にそれを置くだけだが、ふたつの写本に記された曲の流れから判断するならば、第一詩節と同じく各行ごとにエストリビージョの最初の一行をはさんで歌われたのではないか。それならば「聖マリア、お救いください……」という詩句のくりかえしが、なおさらに胸に迫るものだったろう。

五　癒やしと感謝の日々

アルフォンソ王の後半生は苦悩に満ちていた。カンティーガ二三五番はそれを朗々と語り伝えていく。試訳を以下に示したい。

これはどのように聖マリアがドン・アルフォンソ王に救いをもたらしたのか。
それは王がバリャドリードで亡くなるかと思うほどの病にかかったときだった。

［主の］恵みに感謝するのがとても大事なことであるように、
感謝しない者は過ちを犯し、大きな痛手をこうむる。

これについて、あなた方にこの事実にかかわる大いなる奇跡を語ろう。
カスティーリャとレオンとアンダルシアと、さらにいくつもの
王国の王であるドン・アルフォンソに起きた奇跡である。
どうかそこに心をとどめて聞き、ほかのことにとらわれないように。
恵みに感謝するのがとても大事なことであるように……

王は何にもまして聖マリアを心を込めてたたえ、
そして昼も夜も倦《う》むことなく彼女に仕えて、
そのまま命を終えられるようにと慈悲を願った。
彼女のいつくしみには欠けるところがないのだから。
　恵みに感謝するのがとても大事なことであるように……

そのことを懇願し、マリアに心から祈ったところ、
ある夜の夢で彼女はそれを聞き入れてくださった。
そこで王は大いに喜び、めざめるとすぐに、
処女《おとめ》「マリア」をわが心の貴婦人とたたえた。
　恵みに感謝するのがとても大事なことであるように……

それだから、王がその身にこうむった多くのことについて語ろう。
私が知ったところでは、かつて高位の貴族のある者どもが、
王をその位にふさわしくないとしておとしめたのである。
王とは血のつながった親族であるにもかかわらず。
　恵みに感謝するのがとても大事なことであるように……

そのうえに王は彼らを手厚くもてなしていたというのに、
少しも感謝せず、まるで気にとめてもいなかった。
しかし処女マリアは王を慰めて言った。「気に病むことは
ありません。彼らのおこないはたいへんな裏切りなのだから」
　恵みに感謝するのがとても大事なことであるように……

「彼らがたくらもうとしたことをことごとく打ち破りましょう。
彼らの望んでいることが何ひとつ成し遂げられないように。
御子《みこ》イエス・キリストも喜んで力になってくれます。
今日からあなたを死に至る大罪から守ってくれるでしょう」
　恵みに感謝するのがとても大事なことであるように……

処女〔マリア〕はそのすべて果たし、彼らに十分にその報いを
受けさせた。それからのち、王はレケナで重病を患い、
人々が王は亡くなるのではと思ったとき、病は癒やされ、
王のためにこの奇跡を起こして最初の証しとされた。
　恵みに感謝するのがとても大事なことであるように……

それは王に授け、ついで授けようとする恩寵《おんちょう》のしるしである。
それからのち、王が自分の国を離れて、当時の教皇との
会見におもむいたとき、ひどい病におちいってしまい、
これほどの重症では亡くなるにちがいないと思われた。
　恵みに感謝するのがとても大事なことであるように……

それから王はモンペリエに着くと、病はいよいよひどくなり、
何人もの医師が王は亡くなったと信じた。
ところが、まことに信頼できる貴婦人である処女聖マリアは、
王の病を確かに癒やされたのであった。
　恵みに感謝するのがとても大事なことであるように……

マリアは王をわずか数日で馬に乗れるようにし、
健康を取り戻して祖国へ帰れるようにした。
王はカタルーニャを経て行った。誰もがその道を
たどって旅するとはいえ、日々たいへんな道のりだった。
　恵みに感謝するのがとても大事なことであるように……

55 それから王がカスティーリャに入ると、みなが王に会いに来て
56 国中の人がこぞって「王様、ようこそ戻られました」と挨拶した。
57 私［の語ること］を信じなさい。それは以前のことだが、
58 ポルトガルのドン・サンシュ王がかつてない裏切りを受けた。
59 　恵みに感謝するのがとても大事なことであるように……

60 私の知るところでは、高位の貴族の大多数が誓約をかわし、
61 彼を王国から追い出し、自分たちの国にしようとたくらみ、
62 彼らのあいだで分割をはかったあげく、混乱におちいった。
63 主は王を頂《いただ》きに昇らせ、者どもを淵《ふち》に落とされたのだから。
64 　恵みに感謝するのがとても大事なことであるように……

65 それからのち、王がビトリアで一年とひと月を過ごしたとき、
66 重い病に臥せっているあいだ、フランスの王が彼に敵対し、
67 大軍を率いてきたが、やがて帰順を示した。
68 主が彼らのくわだてを、水が塩を溶かすように解消させたから。
69 　恵みに感謝するのがとても大事なことであるように……

それからのち、王がさらにカスティーリャで患った
重く痛ましい病を主は癒やされ、そこで主の御子［イエス］は
王に敵対する者ども、したがって主の敵対者への
厳しい報復を王に許した。あたかも大きなろうそくが燃えるように、
　恵みに感謝するのがとても大事なことであるように……

妻を大事にしない者どもの体を焼くことを［許した］。
ほかの者どもは悪魔のもとへ去った。主が望まれるなら、
同じことをする者はみなそうなるがよい。
彼らの身に及ぶ災厄は、私にはどうでもよいこと。
　恵みに感謝するのがとても大事なことであるように……

それから王はカスティーリャを離れることを強く望み、
国境に向かったが、よき女主人［マリア］はそのとき
王が全快しないうちは、そこへ行くことをよしとせず、
そのため体中におよぶ熱を出させた。
　恵みに感謝するのがとても大事なことであるように……

この病によってほかの病を癒やそうとされたのである。
人々が王は亡くなると思ったとき、王はこのときは
まっすぐにバリャドリードへ向かい、そこで気高い貴婦人は
残る病を癒やされた。だがそのようになさるに先立って、
　恵みに感謝するのがとても大事なことであるように……

王が生きているとは誰も断言できないほどの耐えがたさに
至らせたのである。そして聖なる后「マリア」は
王に死を予感させた。だが復活祭の喜ばしい日に
人々が復活祭のろうそくをこしらえるとき、王に命をあたえ、
　恵みに感謝するのがとても大事なことであるように……

さらに王を慰めた。王はひどく苦しめられていたから。
そして両手を王にさしのべ、まったき安らぎのなかで、
あらゆる苦痛から王を解放した。マリアはヴェールを
まとわずに、水晶やルビーのように光り輝いて見えた。
　恵みに感謝するのがとても大事なことであるように……

100 このことはすべて輝かしい復活祭の日におこなわれた。
101 マリアと、十字架にかけられたのち［彼女が］両腕で抱きしめた
102 御子によってなされた。どんな危ないときも私たちのために
103 いつでも慈悲と恩恵をほどこされる御子によって。
104 　恵みに感謝するのがとても大事なことであるように……

105 処女［マリア］が成されることのすべてを確かなことと信じなさい。
106 よい人生と、そしてよい終わりを私たちにあたえてくださるのだと。
107 それだからマリアをたたえよう。その御子の庭に私たちを迎えてくださり、
108 地獄の業火《ごうか》から私たちを守ってくださるように。
109 　恵みに感謝するのがとても大事なことであるように……

百行を越える長大なカンティーガである。王の生涯におけるさまざまな出来事を織り込みつつ、あたかも叙事詩のように語り連ねていく。一二四五年にさかのぼるポルトガルの出来事を別として、王の行動に直接かかわることは一二七一年から七八年におよび、語られた地域もカスティーリャ・レオン王国からアラゴン、カタルーニャ、さらに南フランスにまたがっている。主題のひとつは王の身近にいた者たちのあいつぐ反逆行為であり、それに対する王の報復である。史実と対応する記事も少なからずあって、このカ

ンティーガを歴史資料として貴重なものとしている〔Ballesteros Baretta,1984, p.51〕。加えて王の失意と闘病の日々が回顧され、聖母による癒やしと感謝の思いがつづられた。

冒頭に三つの詩節をついやして王の変わることのない聖母への思いが表明され、二〇行目から事件があいついで語られる。「かつて高位の貴族のある者どもが、王をその地位にふさわしくないとしておとしめた」とある。

アルフォンソ王がアル・アンダルスとムルシアを領有したのち、その地に残留したイスラーム教徒の反乱が頻発したことは前に述べた。その平定には時間を要したが、一二六〇年代の終わりにはようやく沈静に向かう。しかしその折りの過大な負担が一部の貴族にとって不満の種となった。一二七一年に者どもは王の弟のフェリペ王子をかつぎあげて謀反を画策する。その知らせが王のもとに届いたのは翌年、ムルシア滞在中のことだった〔González Jiménez y Carmona Ruiz, 2012, p.67〕。年内にブルゴスでコルテスと呼ばれる身分制議会が開かれ、その直後に王の宗主権を否定する者たちが同盟した。カンティーガはこの暴挙について語っている。

ここで「高位の貴族」と訳した語「リコオーメン」は中世のイベリアでは上級貴族を意味した。一般には特権を享受する高位の家柄と説明される〔Carvalho da Silva, 2001, p.241〕。一三世紀初頭までに成立した『エル・シードの歌』にもその意味で登場する〔Montaner, 2011, v.2552〕。二三行目に「王とは血のつながった親族であるにもかかわらず」とあり、カンティーガ二三四番にも「王から出た貴族」とあるから、この者たちが血縁関係にあることを示している。つづく三五行目に聖母が「彼らにその報いを受けさせた」とある。

しかし結果は、彼ら上級貴族の特権を維持させるほかなかった［Pélez Algar, 1997, p.253］。

つづく三六行目に王がレケナで重病を患ったとある。バレンシア地方の都市で、一二七三年七月にその北西の町クエンカに王が滞在したことが資料から確証できる。義父のアラゴン王ジャウマ一世と会見するためだった。レケナにおもむいたのはその直後のこととされる。「人々が王は亡くなるのではと思ったとき、病は癒やされ」たとある。これは高熱を発したためで、前述のブルゴスで馬に蹴られたときの後遺症と考えられている［Ballesteros Baretta, 1984, p.677］。このカンティーガの中で聖母が起こした最初の奇跡であった。義父との会見は次の展開につながっていく。

翌一二七四年にアルフォンソ王はフランスに向けて旅立った。四一行目に「王が自分の国を離れて、当時の教皇との会見におもむいたとき」とある。これはローマ教皇にすがって神聖ローマ皇帝の位を得るためだった。明けて一月にバルセロナに到着してジャウマ一世に再会した。前回の義父との会見もその下準備である。当時アラゴン王国はバルセロナ伯領のカタルーニャと連合王国を築いていた。王は地中海沿いに北上してフランス領に入り、ナルボンヌからモンペリエを経て、五月初旬にローヌ河岸の町ボーケールに到着した。

アルフォンソ王はそこで教皇グレゴリウス一〇世に謁見した。しかし、このときすでにハプスブルク家のルドルフ一世が神聖ローマ皇帝に即位し、教皇庁がこれを支持していた。グレゴリウス教皇はアルフォンソ王との会見を許したものの、皇位を認める気など微塵《みじん》もない。長年にわたる王の野望はまったく挫折したのである。これにはよほどこたえたのだろう。王は「ひどい病におちいってしまい、これほどの重症では亡くなるにちがいないと思われた」とある。ローヌ河岸の町に三か月あまり滞在したのち、失意のうちに帰途についた。八月五日に地中海岸にほど近いモンペリエの町にたどり着いている［González Jiménez y Carmona Ruiz, 2012, p.494］。

四五行目以下に「それから王はモンペリエに着くと、病はいよいよひどくなり、何人もの医師が王は亡くなったと信じた」とある。モンペリエには当時のヨーロッパで最高水準の医療機関が置かれていた。しかしその最先端医療も王がこうむった心の傷には功を奏さなかった。「ところが、まことに信頼できる貴婦人である処女聖マリアは、王の病を確かに癒やされた」という。王の健康は回復して馬にも乗れるようになり、ひたすら祖国への道を急いだ。カスティーリャに帰還したのは、その年一二七五年も暮れようとするころだった。

ここでカンティーガは話題を転じて、過去の出来事を回顧している。かつてポルトガル王サンシュ二世が退位に追い込まれたことがある。六〇行目以下に「高位の貴族の大多数が誓約をかわし、彼を王国から追い出し、自分たちの国にしようとたくらみ、彼らのあいだで分割をはかった」とある。サンシュ王は貴族の教会への寄進を禁じたために、時の教皇インノケンティウス四世からも廃位を宣告されている。一二四五年のことだから三〇年も前の話だが、なぜ今になってこの事件を持ち出したのだろう。

アルフォンソ王がカスティーリャに帰還してまもなく後継問題が持ち上がった。嗣子であるフェルナンド・デ・ラ・セルダが早世したのだ。王子の突然の死は病身の王に追い打ちをかける打撃をあたえた。相続権のある王子の長子はわずか五歳である。またもや上級貴族の一団が古都トレドで誓約をかわし、フェルナンドの弟のサンチョを王位継承者としてかつぎ出そうと策動を始めた。このことがポルトガルの過去の珍事《ちんじ》を想起させた理由ではないか。

王はビトリアに移り、病の床に臥せるばかりだった。これはすでに読んだカンティーガ二〇九番に語られており、『賛歌集』の手稿本を手元に置いて病が癒えたのはこのときである。そのあいだにも「フランスの王が彼に敵対し、大軍を率いてきた」とある。フィリップ三世が指揮するフランス軍はナバラ王国の都パンプローナに迫った。ナバラはアラゴン王国に隣接している。フィリップ王はナバラの領有をもくろみ、アルフォンソ王のもとへ使者を送ってきた。一二七六年のことである。この年に義父のジャウマ一世が没した。

王の病が癒えたのち、「主の御子〔イエス〕は王に敵対する者ども、したがって主の敵対者への厳しい報復を王に許した」とある。一二七七年にカスティーリャの上級貴族シモン・ルイス・デ・ロス・カメロスが焚刑《ふんけい》に処された。「妻を大事にしない者どもの体を焼くことを〔許した〕」とある。この男はアルフォンソ王の弟ファドリーケの庶子ベアトリスを妻としていた。同じ年にファドリーケも王の命令で絞首刑に処された。両名は男色関係にあったという〔O'Callaghan, 1996, p.289〕。

王の病はまたぶり返すが、これは聖母のはからいだという。高熱を発したのは聖母が「この病によってほかの病を癒やそうとされた」ためだった。聖母は王をバリャドリードに向かわせる。移動宮廷の時代であるから、王の居所がそのまま宮廷の所在地だった。一七世紀にマドリードが首都に確定するまで、バリャドリードは代々のスペイン王室にとって首都とも言える場所だった。王は一二七八年の四月五日までにここに至った〔González Jiménez y Carmona Ruiz, 2012, p.535〕。
その地で聖母は、「王に死を予感させた」ほどの試練をあたえる。そのうえで復活祭の日に王の病を癒やした。この年の復活祭は四月一七日である。聖母はついに「まったき安らぎのなかで、あらゆる苦痛から王を解放した」のだった。最後にあらためて聖母をたたえ、聖母を信じることの尊さを語って、この長大なカンティーガを閉じている。

カンティーガ二三五番はいつ作られたのか。最後に語られたバリャドリードの奇跡の年一二七八年以降、サンチョがバリャドリードでコルテスを主催した一二八二年以前と考えられている。そのときの招集者はアルフォンソ王ではない。つまり事実上のクーデターである。貴族や聖職者の多くが同調した。これ以後アルフォンソ王は権限を失い、王位はもはや肩書のみとなった〔O'Callaghan, 1996, p.260〕。身内の者までが次々と離反していく。最後まで老残の王を見捨てずにいたのはムルシアとセビーリャのふたつの都市だけだった。若い日の王が苦心の末に繁栄をもたらした土地である。セビーリャに移った翌々年、一二八四年四月四日に王は帰天した。遺体は遺言によってセビーリャ大聖堂に葬られた。

六　失われた写本挿画

カンティーガ二三五番は写本Ｅと写本Ｆに掲載されている。写本Ｅでは四葉を占め、楽譜と詩句が記される。挿画は掲載されていない。写本Fでは二三五番の本文を欠くものの、挿画が一葉残されている。『賛歌集』の通例として末尾五番台は長編のカンティーガが掲載され、挿画も二葉一二場面にわたる。したがって二三五番も本来は挿画がもう一葉あったにちがいない［García Solalinde, 1918, p.159］。後述するとおり現存挿画はカンティーガの後半部に対応するので、失われた前半部の挿画と考えられる。

なぜ欠損が生じたのか。写本Fの由来については第一章で述べたが、改めてふりかえってみたい。二〇〇篇のカンティーガを収める写本Tが完成したのち、さらに二〇〇篇を追加して四〇〇篇の集成とする作業が始まった。アルフォンソ王直属の工房では、写本Tと同じ体裁で、すべてのカンティーガに挿画を添えた豪華本の制作が進められる。しかしアルフォンソ王の死によって作業は停滞し、最終的には中途で放棄された。挿画のうち完成したのは四八葉分で、残りはすべて未完成である。王の最晩年にはこの豪華な写本制作の遅延が危惧され、簡略な体裁の写本が別途に制作された。これが現存する写本Eであり、四二〇篇のカンティーガと楽譜が掲載された。未完成に終わった豪華本は王の遺体とともにセビーリャ大聖堂に納められた。その後は流転を重ねた末にフィレンツェ国立中央図書館の所蔵となる。そのあいだに散逸した部分も少なくなかった。現在は一三一葉を存するが、もとは一六六葉あったと推定されている［Aita, 1921, p.188］。

写本Fに伝えられた二三五番の挿画も一部は未完成であり、各場面の上段も枠だけは用意されているが文字は記されていない。失われた挿画の前半部分も通例どおり六場面あったとすれば、現存する挿画の一段目左側は本来は第七場面ということになろう。これまでの研究によって一葉目にあったにちがいない挿画の復原案が提出されている［Corti, 2002, p.94］。フランシスコ・コルティによる図をここに示したい［図15］。それをもとに、本来の第一場面から第六場面に何が描かれていたかを考え、つづいて第七場面以下の現存する挿画の内容をたどっていく。

失われた第一場面には寝台に臥す王の姿が描かれていたと推定される。カンティーガの一五行目以下に、王が夜も昼も聖母に仕えて一生を終わりたいと懇願したところ、「ある夜の夢で彼女はそれを聞き入れてくださった」とある。おそらく王のかたわらには聖母と天使がいたであろう。

第二場面には聖母の祭壇の前にひざまづく王の姿が描かれていたにちがいない。一七行目に「めざめるとすぐに、処女〔マリア〕をわが心の貴婦人とたたえた」とある。

第三場面には王の前に現れた聖母の姿が描かれていたと推定される。二一行目以下に貴族たちが王をおとしめようと画策した次第が語られている。聖母は王を慰めて言った。「気に病むことはありません。彼らのおこないはたいへんな裏切りなのだから」——復原図の聖母は、王にそう語っているのだろう。王はとなりの場面を見つめている。これは『賛歌集』の挿画にしばしば見られる表現法で、つづく場面への視線の移動をうながすものである。

第四場面には聖母が天使をしたがえて岩の上に立ち、武装した騎馬集団に向き合う姿が描かれていたと推定される。王に反逆する者たちか。聖母は彼らのたくらみをことごとく打ち破り、その報いを受けさせたのだった。

第五場面には病床にある王の姿が描かれていたと推定される。つづく三六行目以下にレケナで王が重病

［図 15］カンティーガ 235 番、挿画復原案（Francisco Corti, “Retórica visual”, 2002）

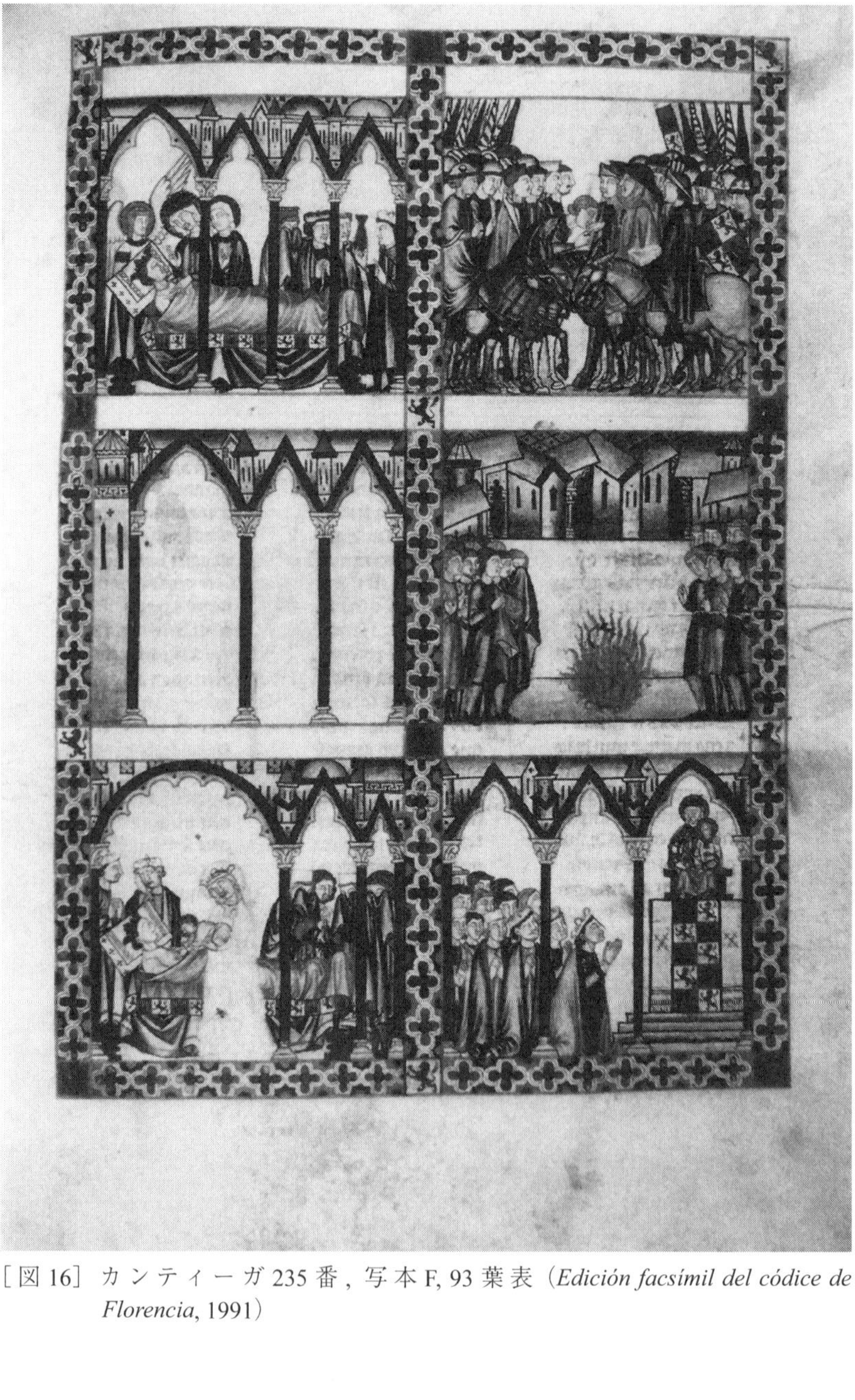

［図 16］カンティーガ 235 番，写本 F, 93 葉表（*Edición facsímil del códice de Florencia*, 1991）

におちいったことが語られ、誰もが王は亡くなると思ったが病は癒えたという。このカンティーガにおいて最初に語られた聖母の奇跡にちなむものである。

第六場面は高位の人物に対座する王の姿が描かれていたと推定される。ひときわ高い玉座にすわり、三重冠をかぶっているのはローマ教皇にほかならない。アルフォンソ王はフランスまで足を運んで教皇グレゴリウス一〇世に謁見したが、かねての望みはついに果たされることなく、病を得て帰国の途につくほかなかった。

以上が失われた挿画の復原案である。二三五番の内容に沿って研究者が想定したもので、これによって現存する挿画との連続性もかなり明確になった。つづいて写本Fに現存する第七場面以下の挿画をたどってみたい〔図16〕。これまでと同じように一段目の向かって左を第七場面とし、三段目の右の第一二場面へ進んでいく。前述のとおり各場面の上段には枠が置かれているが、内容を説明する文字は未記入のまま残された。

第七場面には病床の王の姿が描かれている。舞台はすでに見たカンティーガ二〇九番の挿画と同様である。王の足もとには顔を覆って嘆き悲しむ人、瓶を手にして語る人の姿がある。後者は二〇九番で温めた布をさしだす医師と同じ帽子をかぶっている。枕もとには聖母が天使をしたがえ、眠っている王の胸に手をあてる。王はフランスから帰る途中で病が昂《こう》じたが、このときも聖母の力で病は癒えた。

第八場面には馬上の王を人々が出迎えるようすが描かれている。五五行目以下に王がカスティーリャに帰還すると国中の人がこぞって挨拶に訪れたとある。王は深いつばの帽子《ソンブレロ》をかぶり、出迎えの代表者から手に接吻を受けた。王にしたがう騎馬兵はカスティーリャ・レオン王国の紋章をあしらった鉄兜《カスケテ》をかぶり、出迎えの先頭に立つ人々は騎士が常用するつばのある兜《カピエッロ》をかぶっている［Menéndez Pidal, G., 1986, p.82］。

第九場面は未完成のまま放棄された。室内を舞台とする際の定型というべきアーチが列ぶのみで、人物も大道具もまったく描かれていない。コルティは第七場面と同じく病床の王が描かれるはずだったと推定する［Corti, 2002, p.88］。さらに王のもとにカンティーガの本が置かれるべきだと主張するが、これは疑問である。順序からすれば舞台はビトリアにちがいなく、本のことは二〇九番に語られていたが、二三五番はそのことに言及していない。

第一〇場面には町の広場で執行された焚刑のようすが描かれている。炎に包まれた人物の頭部がかろうじて識別できる。群衆は遠巻きに見つめるばかり。王の敵対者への報復はこのように実行された。

第一一場面には病床の王のもとに現れた聖母と御子の姿が描かれている。カンティーガの語るところでは、王はバリャドリードに移ってから高熱を発した。あらゆる病をこれで癒やそうという聖母のはからいによる。耐えがたいまでの苦しみののち、復活祭の日に王は長年の病から完全に解放された。それは「マリアと、十字架にかけられたのち［彼女が］両腕で抱きしめた御子によってなされた」と一〇一行目にある。ここに語られた「御子」は磔刑《たっけい》のキリストのことであり、「両腕で抱きしめた」その姿はピエタの形象を思わせる。ところがこの挿画では「御子」は幼子イエスの姿で描かれている。イエスは身を乗り出して王の手を握りしめた。王は歓喜のあまり恍惚となり、足もとに寄り添う人々は涙にくれている。

ここでひとつ注目したいのは、聖母の輪郭は描かれていても彩色が施されていないことである。つまり白描のまま残されたのである。寝台に臥した王もそれを取り巻く人々も、そして幼子イエスも彩色が終了している。ところが聖母だけは未完成である。これについてはゴンサーロ・メネンデス・ピダールの考察がある。写本Ｆには中途で放棄された挿画が少なくない。未完成の度合いはさまざまだから、そこから挿画の制作順序が類推できるという。すなわち、最初に全体の外枠が描かれ、ついで場面ごとの下図が作られる。背景の建物や風景が描かれたのち、人物像の衣服が彩色される。顔と手は空白のまま残され、最後に写本工房の親方《マエストロ》が仕上げをおこなうという〔Menéndez Pidal, G., 1962, p.36〕。したがってこの第一一場面では、最重要箇所である聖母像の仕上げに至る直前で制作が放棄されたと考えることができる。

第一二場面には聖母の祭壇の前にひざまづく王の姿が描かれている。カンティーガの終わりに王は人々に告げた。「処女［マリア］が成されることのすべてを確かなことと信じなさい」と。聖母はかならずや、「よい人生と、そしてよい終わりを」私たちにあたえてくださる。そう信じてつねに聖母をたたえよという。二三五番の挿画の最後の場面で、王は聖母の前に進み出て感謝の祈りをささげ、多くの人がそれにしたがっている。

一三世紀のイベリアに生きたひとりの王が、これほどに慕いつづけた聖母の信仰とは、はたしてどのようなものであったか。つづく第五章で考察を試みたい。

第五章　無原罪聖母のカンティーガ

一　聖母の純潔をたたえて

マリアは聖霊によって身ごもりイエスを産んだ。福音書の物語がここから始まった。主の恵みのもとで処女が子を宿すという奇跡が起きた。神の子を産んだ母への崇敬は徐々にさかんになり、ついにはマリアその人までが、主の恵みによって母アンナから生まれたという信仰が芽生える。アンナは肉のまじわりによらずに身ごもり、このときマリアは原罪をのがれて母の胎内に宿ったという。これを無原罪の御宿りと呼ぶ。カトリック教会で用いるもとの言葉「コンチェプツィオ・インマクラータ」は「汚れのない受胎」を意味する。

もはや福音書の説くところではない。長い年月のあいだにはぐくまれた聖母の純潔への思いの強さがそこにある。無原罪の御宿りはやがてカトリック神学における重要な教義のひとつとなっていく。汚れのないマリアの聖性を主張するこの信仰は、古くから教会暦の中で大きな位置を占めてきた。そのため人々の信仰生活に深くかかわり、宗教美術や音楽、そして文学に多くの素材を提供しつづけている。

無原罪の信仰は中世にさかのぼり、一六世紀の対抗宗教改革時代のイベリアにおいてとりわけ盛行した。その萌芽というべきものはラテン教会の典礼に求められる。このように信仰としては古くから伝えられてきたが、幾世紀にもわたる論争を経たのち、ローマ教皇庁がこれを教義として正式に認可したのは、一八五四年のピウス九世の勅書においてである。この勅書が発布されてから、カトリック世界では聖母の出現をはじめとする奇跡があいついだ。フランスのルルド、ポルトガルのファティマ、スペインのガラバンダルにおける聖母の出現もその延長にある。

『聖母マリア賛歌集』が編纂されたのは無原罪の御宿りの信仰が高揚するはるか前の時代である。もとより「無原罪」という言葉はカンティーガの中にはない。聖母にささげられた詩歌集ではあっても、当時の聖母神学とはなんら接点はないという見方もある［Guerrero Lovillo, 1949, p.25］。しかし、やがてイベリアでさかんになるこの信仰の萌芽がいくつかの歌に現れているとしたら、『賛歌集』を聖母信仰史の流れの中に位置づけることができるのではないか［Álvarez Díaz, 2005, p.1222］。

カンティーガ四一三番はそのひとつと言えるだろう。これは聖母の純潔をたたえたカンティーガであり、無原罪の御宿りを主題とするものではない、しかしこの信仰につながるいくつかの要素がうかがえる。そのことを期待して、試訳を以下に示したい。

1　この三番目［の祝祭のカンティーガ］は聖マリアの純潔について語るもので、

2　祝祭は一二月におこなわれ、聖イルデフォンソがそれを定めた。次のように始まる。

3　この世のすべての者は聖マリアの純潔を

4　たたえなければならない。

なぜなら、彼女はその心においても肉体においても、
いとも善良であって、しかも純潔であったのだから。
それだから主なる神は〔かつて〕持たなかった肉体を
その聖性とともに、彼女の胎内で持たれたのである。
　この世のすべての者は聖マリアの純潔を……

そのようにして〔マリアは〕身ごもった。しかし
以前と同じく純潔であり、それは至高の奇跡であった。
そのため、子を宿すときに抱く痛みと同じほどの
痛みを抱いたのである。誰が考えられるだろう。
　この世のすべての者は聖マリアの純潔を……

このようなことがひとりの女性の体に
同時に起こるなどということを。
乳房には乳があふれ、子を宿しながら
なおも純潔であるということを。
　この世のすべての者は聖マリアの純潔を……

だが主はこの処女を愛するあまり、
聖霊によって身ごもらせたのである。
彼女は傷を受けたりせず、恐れを抱くことなく、
主の深い愛のしるしを受けたのである。
　この世のすべての者は聖マリアの純潔を……

これについてあなた方に真実のたとえを示そう。
太陽［の光］がガラス窓に射し込むとき、
光は通り抜けるが、［ガラスは］割れず、
そのままの状態で何も変化はない。
　この世のすべての者は聖マリアの純潔を……

たとえガラスが太陽の輝きを受けとめても、
光がガラスを損ねてしまうことはない。
同じように、世のつねと異なり、彼女は母であり
しかも処女であった。主がそう望まれたのだから。
　この世のすべての者は聖マリアの純潔を……

冒頭の題辞に「三番目」のカンティーガであることが示されている。トレド写本Tｏでは、一〇〇篇の作品が記されたのち、聖母とキリストの祝祭のカンティーガ各五篇と、さらに聖母の祝祭にちなむ別の一五篇が追加された。「三番目」とあるのは末尾一五篇のうち三番目に該当するからである。写本二葉を占め、楽譜と詩句が記される［図17］。エル・エスコリアル写本Eでは、冒頭に置かれた祝祭のカンティーガ一二篇のうちの一篇で、写本二葉を占めている。どちらも挿画は含まない。コインブラ大学版の校訂本では、四〇〇篇のカンティーガのあとに追加されて四一三番に置かれる。

二行目に記す「聖イルデフォンソ」は、イスラームの支配に先立つ西ゴート王国時代のイベリア教会を代表する聖者である．六五七年に王国の首都トレドの大司教となり、六六七年に没した。聖者の名はカンティーガ二番にも登場する。その題辞には「どのように聖マリアがトレドで聖イルデフォンソに現れ、ミサをおこなうとき着用する祭服を天から運んできて彼に授けたのか」とある。イルデフォンソが聖母を崇拝するあまり、聖母はこれに感じて奇跡を起こしたという。つづく詩行の中で「彼は卓越した言葉を用い、私たちが真実を見いだしたように、美しい書物を著して聖なる貴婦人の純潔について述べた」と語っている。

この言葉のとおり、イルデフォンソは聖母の汚れのない聖性を疑う者を論破すべく、『三人の不信者に対する聖マリアの純潔についての小著』を記した。そこには「マリアがつねに純潔であったことを認めない者たち、私たちの創造主を彼女の御子として認めようとしない者たち、また彼女を私たちの創造主の母として認めようとしない者たちは、私たちの主を彼女の御子とたたえることなく、さらにまた私たちの主

［図 17］カンティーガ 413 番、写本 To、139 葉裏（*Edición facsímile do códice de Toledo*, 2003）

を神とたたえることはないのだ」とある〔Hildefonsus Toletanus, *Patr. lat.*, XCVI, col.107〕。この書物は古代教父の教えにもとづいて聖母の処女性を擁護したもので、そこにはイベリアにおける熾烈なまでの聖母信仰の原型《プロトタイプ》を認めることができる。

二番題辞の「祭服」のことは同時代の文献には語られていない。八世紀に書かれたトレド大司教シシラの『聖イルデフォンソの生涯もしくは事績』にはじめて登場する。聖者のもとに現れたマリアが「私の手からささやかな贈り物を受け取りなさい」と語り、彼に衣を授けたとある〔Zixilanes, *Patr. lat.*, XCVI, col.48〕。この話は一二七六年に没した修道士ロドリーゴ・デ・セラートの『聖イルデフォンソの生涯』においてくりかえされた〔Rodrigo Cerratense, *Patr. lat.*, XCVI, col.50〕。さらにゴンサロ・デ・ベルセオが一三世紀に著した『聖母の奇跡集』にも登場する。聖母が授けたのは「糸で縫っていない祭服」であり、それは「人が織ったのではなく、天使の手になる仕事」だという〔Baños, 2011, p.18〕。

ベルセオはさらに語る。イルデフォンソは「三人の背教者に対して聖母の純潔について優れた言葉で本を書いた。誠実なこの人はさらに別の務めをおこない、一二月のなかばに聖母の祝祭を挙行した」という。「本」のことはすでに述べたとおりだが、ここには一二月の聖母の祝祭についても言及がある。

六五六年に第一〇回トレド教会会議が開かれ、イルデフォンソの主導で聖母の祝日が一二月一八日に定められた〔Rivera Recio, 1985, p.137〕。この慣習がスペイン国内の教会における伝統となった〔Flórez, V, 1763, p.263〕。無原罪の祝祭もこのときおこなわれたとする意見もある。ただし教会暦に記載されたのは九世紀以降である〔Valenzuela García, 2005, p.96〕。現在の教会暦では「無原罪の聖マリアの祭日」と呼ばれ、一二月八日に置かれている。

くりかえすがカンティーガ四一三番は無原罪の御宿りを主題としてはいない。とはいえ、ここに表明されたマリアの聖性のありようは、やがて無原罪聖母のそれにつながっていく。しかも一二月に聖母の祝日を位置づけていく動きは､その信仰の形成にとって大きな推進力となったのである〔Álvarez Díaz, 2005, p.1225〕。

二五行目以下に「ガラス窓」のたとえがある。これまた聖母の純潔を説くための修辞である。一一世紀にイタリアの神学者ペトゥルス・ダミアヌスが『主の御公現についての教説』の中でこのたとえを用いた〔Petrus Damiaus, *Patr. lat.*, CXLIV, col.508〕。ガラス窓といっても当時はまだ透明ではない。教会のステンドグラスのような色のついたものだったろう。

三二行目に「世のつねと異なり、彼女は母であり、しかも処女であった」とある。マリアは処女のままで母となり、それからのちも純潔でありつづけた。このことはのちにたどる別のカンティーガでくりかえされていく。

二　無原罪の御宿りの神学

『賛歌集』の成立に先立つ一二世紀の西ヨーロッパでは、無原罪の御宿りの信仰に対する反論があいついだ。フランスの修道士クレルヴォーの聖ベルナルドゥスは『リヨン聖堂参事会員への書簡』の中で、カトリックの教義にない無原罪の祝日を設けることに懐疑を抱き、マリアが原罪をのがれて受胎したとする考えを否定した〔Bernardus Claraevallensis, *Patr. lat.*, CLXXXII, col.333〕。それはキリストによる罪のあがないの普遍性を重んじた結果であって、多くの神学者がこれに同調した。イングランドのカンタベリー大司教アンセルムスは『神はなぜ人となったか』の中で、マリアはキリストによってはじめて原罪から清められたとする〔Anselmus Cantuariensis, *Patr. lat.*, CLVIII, col.419〕。これに対し、弟子であるカンタベリーのエアドメルスが異議を唱えた。

エアドメルスは『聖処女マリアの御宿りについての論考』の中で、マリアは受胎の瞬間に聖霊によって原罪をのがれたと主張する。すなわち「御宿りにあっては他者のように自然の法則にしたがうことはないと思われ、まったくそれとは異なって人間の知性がおよばない神の力と働きにより、あらゆる罪との結びつきから解き放たれていた」という〔Eadmerus Cantuariensis, *Patr. lat.*, CLIX, col.306〕。この著作は一一二五年ごろの成立とされる。

これ以後、無原罪の御宿りを擁護する思想がようやく影響力をもってきた。オクスフォード・フランシスコ会学派の神学者ヨハネス・ドゥンス・スコトゥスは『命題集注解』の中で、マリアがその存在のはじめから主の恵みによって原罪をのがれたと主張する。その際にキリストによる「あらかじめのあがない」という従来と異なる救済論が前提に立てられた〔Baric, 1954, p.7〕。無原罪の御宿りに関する神学論争はさらに継続していくが、同じころイベリアにおいても新たな動きがあった。

アンダルシアのハエンの司教を務めた聖ペドロ・パスクアルは、一二九九年に『カトリック信仰に関するハエン司教のユダヤ人論駁《ろんばく》』を著した。そこでは徹底して聖母の純潔を擁護し、無原罪の完全性を主張する。

パスクアルによれば、神の意志においてマリアは「［世界の］創造の前から神の母として選ばれていた」という。まずこのことを理解し、信じなければならない。そのうえで「主が特別な恵みによって彼女を死すべき原罪から、また純潔を損なうあらゆるものから守り抜く」という摂理を知るべきである。もしもマリアが原罪のうちにその母の胎内に宿ったとすれば、それは主に見捨てられたにひとしい。そのようことはあるはずがなく、「彼女は御宿りの前にも後にも主の恵みと、そして愛の中にいた」のだという［Llorens Herrero y Catalá Gorgues, 2007, pp.127sq.］。

マリアはあらゆる汚れから守られている。――この信念は旧約聖書『雅歌』の記述を踏まえている［Riera Estarellas, 1955, p.250］。ラテン語訳ヴルガタには「私の愛する人、あなたはすべてが美しく何の汚れもない」とある［Weber, II, 1985, p.999］。これは無原罪の聖母を象徴する一節として古くから引用されてきた。それを前提としつつも、パスクアルの説くところは神学論文というよりも、信仰告白に近いのではないか。

スコトゥスがラテン語で『命題集注解』を講じたのは、パリ大学に移った一三〇二年以後である。パスクアルの著作はこれに先んじているが、一地方の言語であるカタルーニャ語で書かれたためか、普及の範囲に圧倒的な差があった。また、スコトゥスの場合は御宿りに関する議論といえども聖母神学だけの問題ではなく、その前提に巨大な考究対象としてキリストの贖罪論がある。パスクアルの発言は聖母崇拝のゆたかな土壌から生じた果実と言ってよい。ちなみに、彼はアルフォンソ一〇世の妻ビオランテの弟、トレド大司教サンチョ・デ・アラゴンの師であった。あるいは『賛歌集』とも無縁ではなかったろう。
神学のいとなみを離れてみれば、文学の中に無原罪の信仰につながるものが、一三世紀なかばのイベリアに早くも現れていた。ブルゴス近郊のサン・ペドロ・デ・アルランサの修道士が記したとされる『フェルナン・ゴンサレスの詩』は、イスラーム教徒との戦いを語る武勲詩《ぶくんし》である。一二六六年までに成立したとされ、そこには戦闘に臨んで主の加護を祈る言葉がある［Serrano, 1943, p.75］。

主よ、カタリーナに知恵をもたらし、
王妃エステルに死からの解放をもたらし、
処女《おとめ》マリアに龍からの解放をもたらした主よ、
われらの傷になぐさめと薬をあたえたまえ。

アレクサンドリアの聖女カタリーナはローマ皇帝が遣わした異教徒の賢者たちを改宗させた。これは一〇世紀に書かれたシメオン・メタフラストの『聖女カタリーナ殉教録』をはじめとする聖者伝に語られている［Symeon Metaphrastes, *Patr. gr.*, CXVI, col.282］。エステルはユダヤ人の虐殺を命じたペルシア王の勅令を撤回させた女性である。これは旧約聖書『エステル記』に語られている。
マリアが龍から解放されたというのは新約聖書『ヨハネの黙示録』の記事に由来する。ヴルガタには「天に壮大なしるしが現れ、太陽に包まれた女がいて、足の下に月があった」と語られている［Weber, II, 1985,

p.1893〕。女が子を産むと、龍が現れてこれを呑《の》みこもうとした。子は天の玉座に引き上げられ、天使が龍に闘いをいどんだ。あげくは「その巨大な龍は投げ落とされた。悪魔ともサタンとも呼ばれて全世界をまどわす昔の蛇は、地上に投げ落とされた」とある。

中世から一貫して、この「女」は無原罪の聖母として理解されてきた。龍は悪魔であり「昔の蛇」だという。これは旧約聖書『創世記』が語るところの、最初の人間に罪をもたらした蛇である。彼らの子孫はみなその罪つまり原罪を背負っているが、無原罪の聖母はそこから解放された存在である。彼女は太陽に包まれ、月の上に立ち、蛇を踏みつける姿で絵や彫刻に表されてきた。前の章で読んだカンティーガ三六七番に「たくらみに満ちた悪魔を踏みつけた彼女の力で〔王は〕癒やされた」とあった。これも無原罪の聖母の形象にほかならず、『フェルナン・ゴンサレスの詩』の一節についても同じことが言える。

一三世紀のイベリアにおいて無原罪の御宿りの信仰につながるものが詩歌に表明されていた。それを何よりゆたかに表明したのは『聖母マリア賛歌集』ではないか。

三　マリアの生い立ちの物語

カンティーガ四一一番は聖母自身の生誕のありさまを語る。題辞に「これは一番目〔の祝祭のカンティーガ〕であり、聖マリアの生誕について語るもので、祝祭は九月におこなわれる」とある。内容は九月八日の聖母生誕の日にちなむ。

福音書はイエスの生い立ちを語っている。しかしその母の生い立ちは語らない。聖書の外典《アポクリファ》とされた『ヤコブ原福音書』に記事がある。正典《カノン》とされた四つの福音書に遅れて、二世紀後半に成立したと考えられており、ギリシア語のテクストが伝わる。あるいは七世紀以降にラテン語に翻案した『偽マタイ福音書』が伝わる。いずれも四一一番にとって重要な典拠である。

四一一番のエストリビージョ（反復句《リフレイン》）に「その日は祝福され、神の母なる処女が生まれたその時は幸いだ」とある。つづいてマリアの父ヨアキムと母アンナの物語が語られる。ふたりの暮らしは裕福で恵み深かった。得られた物をいつも三つに分け、貧しい者に施し、ユダヤの神殿に納め、残りを自分たちのものとした。しかし彼らには子がなかった。

ヨアキムが神殿に入ろうとすると祭司がこばんだ。「あなたは神に呪われている。子が授からないのだから」と言われた。彼は傷つき、妻にも告げずに山へこもってしまう。アンナは子をもうけることができず、夫には去られてしまい、いっそ死んでしまいたいと思った。しかしそうなってよいはずはない。なぜなら、「主が大きな仕事を彼女にとっておいたのだから」とある。

泣き伏しているアンナのもとに天使が現れた。主が祈りを聞かれたという。やがて「あなたは夫の娘を産むだろうと告げた。天使は去ってヨアキムの所に向かい、アンナが身ごもったことを伝える。だが傷心の夫は容易に信じようとしない。天使とのあいだに問答が始まる。主がふたりに子を授けたことを天使は告げる。生まれてくる子は「罪人である人々と主とのあいだをとりなす者」になるという。そのうえでヨアキムにすぐに家に戻るよう命じた。

半年あまり山にいた夫が降りてきた。そのとき天使がアンナに告げて言う。「ヨアキムは黄金の門を通って来るから、急いで迎えに行くように」――妻は今までの苦しみを忘れて夫に抱きついた。その夜、アンナは無事に女の子を出産した。

ところで、ここまで訳文を引いた箇所は、先ほどあげた外典の書物に該当する文章がない。もしくは表現が異なっている。いずれもカンティーガの作者が加えたものである。たとえば、天使がアンナに子を身ごもったことを告げたとき、それは「娘」だと明かした。外典はそこまで明かしていない。『ヤコブ原福音書』では、アンナは「子が男でも女でも、私の主である神へささげます」と語っている［Tischendorf, 1876, p.9］。『偽マタイ福音書』もほぼ同様の記述である。カンティーガは外典の物語にしたがいつつ、これを増幅させて詩句を構成したのである。

ふたつの外典のうちカンティーガがより多く依拠したのはどちらだろう。山中のヨアキムと天使のあいだにかわされる問答は、『ヤコブ原福音書』にはなく『偽マタイ福音書』に出ている。また、ヨアキムが帰還するとき、「黄金の門」まで迎えにいくよう天使は告げたが、『ヤコブ原福音書』にこのお告げはなく、「アンナは門のところにいた」とだけ記す。『偽マタイ福音書』では天使がアンナに「黄金という名の門へ行くように」と命じている［Tischendorf, 1876, p.60］。やはりここでもカンティーガはラテン語訳である後者にしたがったのであろう。

四一一番は最後に、主がアンナの受胎した子を原罪から解放したことを語る。

母の胎内に［マリアが］いたとき、私たちの父アダムが、
［地獄の］扉は閉じているとそそのかされて犯した
その罪から、解き放たれたのだ。［悪魔が］私たちを
いっしょに連れ去ろうとわめいたにもかかわらず。

母アンナの胎内において、マリアはすでに原罪のくびきから脱したという。神学の書ではない詩歌の書が堂々と無原罪の完全性を表明していた。

このことは別のいくつかのカンティーガからもうかがえる。四一四番はそのひとつである。題辞に「これは四番目［の祝祭のカンティーガ］であり、聖マリアの三位一体《トリンダーデ》について語る」とある。ここに言う「三位一体」とは父と子と聖霊による主の三位一体ではなく、マリアにかかわるものである。マリアはヨセフに嫁ぐ前に純潔であり、嫁いでからも純潔であり、子を産んで母となってからも純潔であったという。すなわち「純潔であることの三つのありよう」を意味する。

あくまでも外典から展開した伝承である。福音書はイエスに兄弟がいたと述べており、マリアが処女でありつづけたという根拠はそこにはない（『マタイによる福音書』一二章四六節、『マルコによる福音書』三章三一節ほか）。ところが外典ではすべてヨセフの先妻の子ということになっている。そうした設定のもとに、マリアの生涯にわたる純潔に最高の価値が置かれた。ここに彼女の三位一体が成り立つ基盤がある。そしてこのことが無原罪の御宿りと分かちがたく結びついている。

マリアは地上の生において純潔であっただけではない。アンナの母胎に宿ったときからすでに清められていた。そのことがカンティーガ三一〇番に語られている。

彼女［マリア］は母の胎内で
父［ヨアキム］の子となったときから
ずっと聖なるものとされ、そこで
彼女はとても小さなままでいた。

四　聖母の栄光のとき

マリアの聖性は御宿りの瞬間から、さらに死後にまでおよぶ。カンティーガ四一九番にそれが語られている。題辞に「これは九番目［の祝祭のカンティーガ］で八月の聖マリアの祝祭前夜にかかわり、どのように彼女がこの世を去って天に上げられたのかを語る」とある。八月一五日の聖母の被昇天の祝祭は、古くから東方教会において「御眠《おんねむ》り」の名でおこなわれ、一三世紀にはイベリアでも普及していた。

四一九番は冒頭に内容が要約される。「どのように彼女がこの世から［天へ］移ったかをあなた方に語りたい。そしてどのような仕方で主が天へともないに来たのかを」とある。聖母が死後によみがえり、イエスに導かれて天に昇っていく。聖母被昇天の物語が以下に展開していく。これも福音書に語られておらず、外典にもとづいている。ギリシア語のテキストで伝わる『テッサロニキ大司教ヨハネによる聖処女マリアの御眠りの教説』と、ラテン語で伝わる『アリマタヤのヨセフの語りによる聖処女マリアの他界』がその主要な典拠とされる［Tischendorf, 1866, pp.113sq.; Santos Otero, 1956, pp.649sq.］。

舞台はエルサレムである。聖母はイエスが十字架にかけられたあともここで暮らしていた。ある日、天使が棕櫚《しゅろ》の枝をたずさえて現れ、三日後にイエスが来ることを告げた。使徒たちもみな来るという。聖母はオリーブ山で祈ったのち、身近にいた使徒ヨハネを呼んで、ことの次第を語った。まもなくほかの使徒たちが雲に乗って到着した。ただトマスだけはそこにいなかった。使徒がそろって詩篇を唱えると、聖母は寝台に臥した。室内に芳香がただよい光に満たされたとき、主がその母を迎えに来たのである。

聖母の遺体は墓地に葬られたが、天使が大勢やって来て聖母を天に運んで行った。そこへトマスが来あわせる。聖母は天に昇っていくことを告げ、いぶかるトマスに帯を解いて投げあたえた。トマスは感謝し、帯を手にして町へ向かった。使徒たちは彼の姿を見つけると、聖母の臨終に間に合わなかったことをとがめた。トマスは聖母が天使に運ばれていくのを見たと告げ、彼女の帯を見せて言う。「自分が見たのは、百合の花より白い聖母の体が天へと昇っていくところだった」――それでも使徒たちは信じようとしない。そろって墓を見に行ったところ、「光があるばかりで、探しても何も見つからなかった」という。みなはトマスにわび、幾度も十字を切るのだった。

天に上げられたのち聖母は主から冠を授かり、天の后《きさき》としての栄誉を受けることになる。これは次にあつかうカンティーガの語るところだが、マリアの聖性はその生涯の最後に臨んで、被昇天から天上の戴冠へと絶頂を迎える。かくしてマリアは生前から死後に至るまで、聖なる存在でありつづけた。彼女の一貫した聖性がこのようにたたえられたのである。

ここまで『賛歌集』の中に無原罪の御宿りにつながる詩句を読み取ってきた。それは信念と言ってよいものであり、同時代の神学にはるかに先んじていた。聖母を「貴婦人の中の貴婦人」と慕うアルフォンソ一〇世にとって、汚れのないマリアの聖性は何より尊ぶべきものであったろう。無原罪の信仰が教義として認められるまでには、さらに幾世紀もの時間を必要とするが、すでにイベリアにおいてその先駆けとも言える文学が語り出されていた。

やがてイベリアはキリスト教国によって統一され、新しい時代を迎える。そのとき無原罪聖母の信仰がヨーロッパのどの国よりもさかんにおこなわれるようになった。それは信仰生活だけでなく、宗教芸術においてもあてはまる。

セビーリャ出身の画家フランシスコ・パチェコは、アンダルシアの芸術家や文人たちが師と仰ぐ存在だった。一六四九年に出版された『絵画芸術の伝統と輝き』の中で、パチェコは無原罪の御宿りの図像表現に関する規範の確立をめざした。そこではマリアの純潔について、「その受胎の最初の瞬間からそうであったのは、主の威厳と全能と、あふれる愛と深奥な智を彼女の中に現出させるためであり、原罪に染まることがないようにしたのだ」と述べている［Bassegoda i Hugas, 1990, p.576］。

この確信に満ちた言葉は、神学者ではなく芸術家によって語られたのである。ここから無原罪聖母を主題とした絵画や彫刻がいっせいに開花していく。それは今なおイベリアの教会の至るところで目にすることができるだろう。

五　聖母の七つの喜び

カンティーガ一番は聖母の生涯における栄光の場面を語りつつ、最後に天上における戴冠へと進む。試訳を以下に示したい。

1　これは聖マリアをたたえる最初のカンティーガで、
2　その御子によって抱いた七つの喜びを語る。
3　今このときから、私は尊ぶべき
4　貴婦人のために詩を作りたい。
5　主なる神は彼女の中で祝福された
6　聖なる肉体を得ることを望んだ。
7　主の王国において、私たちに

大きな褒美をあたえ、そして
永遠の命にあずかる者として
私たちに受け継がせるために。
ふたたび死を経るようなことが
私たちに訪れないように。

それだから私は語り出そう。
どのように〔大天使〕ガブリエルから
彼女が挨拶されたのかを
天使は呼びかけた。「主に愛され
祝福された乙女《おとめ》よ。
世を救うべき方を
今あなたは身ごもった。
そしてあなたのいとこの
エリサベトはあなたを疑ったが、
そのことを悔やんでいる」

さらに私は語っていきたい。
どのように彼女が疲れはてて
ベツレヘムにたどり着き、
町の門のうちに宿ったのかを。
休むまもなくイエス・キリストを
出産し、そこに寝かせた。
貧しい女性たちがするように、
飼《か》い葉桶《ばおけ》の中に子を
寝かせて、厩《うまや》の家畜たちの
あいだに休ませた。

そして忘れてはならない。
どのように天使たちが
主をたたえ、「地に平和が
あるように」と歌ったのかを。
またどのように星が
外国の三人の王たちに

その場所を示したのかを。
王たちはためらうことなく、
高価でめずらしい贈り物を
たずさえてやって来た。

また別のことを語りたい。
それはのちにマグダレナが
彼女に語ったことである。
墓地の石がなかば開かれ、
天使がそこを守っていたのを、
マグダレナが見たことを。
天使は語りかけた。「悲しんでいた女よ、
あなたは慰められるだろう。
なぜなら、あなたが探しに来たイエスが
明け方によみがえったのだから」

そしてまたあなた方に示したい。

マリアが経験した大きな喜びを。
それは彼女の息子が光り輝く
雲の中へ昇っていくのを
見たときのことだった。
昇天したあと、天使たちが現れ、
集まった人々のあいだを歩み、
うろたえている人々に告げた。
「このようにして主は裁きに来る。
それは約束されたことなのだ」

ここで語らずにはいられない。
どのように主がもたらすことを望んだ
恵みが、マリアにもたらされたのかを。
それはなんとゆたかな恵みであり、
それに力づけられたマリアによって、
主が召し出した使徒たちは
導かれていったのだ。

70 彼らは聖霊に満たされ、
71 それによって、ただちに教えを
72 広めることができたのである。

73 主の御名《みな》において語らねばならない。
74 どのようにマリアが冠を授けられたのかを。
75 彼女がこの世から去ったとき、
76 息子「イエス」が彼女を連れていった。
77 彼女は息子とともにあって、
78 天においてともに座し、
79 そこで彼女は后《きさき》と呼ばれ、
80 娘とも、母とも、はしためとも呼ばれた。そのような
81 お方だからこそ、私たちを救ってくださるのだ。
82 こうして彼女は私たちをとりなすお方となった。

全体は八つの詩節からなる。第一詩節で「尊ぶべき貴婦人のために詩を作りたい」という決意を述べ、つづく第二詩節から聖母の「七つの喜び」を詩節ごとに配する。詩型は『賛歌集』の多くを占めるセヘル

の形式と異なり、エストリビージョを持たない。これは最初に読んだふたつの序詩と共通する。

カンティーガ一番はエル・エスコリアル写本Tと写本Eとトレド写本Toに掲載されている。写本Tでは三葉を占め、楽譜と詩句が記され、次に挿画が配される。通例とは異なり、写本の一葉全部を使って八つの場面が展開する［図18］。一段目の向かって左を第一場面とし、四段目の右の第八場面へ進んでいく。

第一場面にはお告げの情景が描かれており、第二詩節の内容に対応する。室内が切妻アーチで三分され、天使が右手をかかげて語りかけ、聖母が右手をかざしてこれに応えている。上段の文字は「どのように天使が聖マリアに挨拶したのか」とある。

第二場面には降誕の情景が描かれており、第三詩節の内容に対応する。室内が尖塔アーチで三分され、飼い葉桶の中に御子、寝台から身をのりだして手をさしのべるマリア、床にすわるヨセフの姿がある。上段の文字は「どのように聖マリアがイエス・キリストを出産し、飼い葉桶に寝かせたのか」とある。

第三場面には天使が羊飼いに御子の降誕を知らせるようすが描かれており、第四詩節の前半の内容に対応する。この場面とつづく第四場面の情景は第四詩節にあわせて語られる。羊が草をはんでいる中にふたりの羊飼いと、彼らが驚いて見上げた先に天使の姿がある。カンティーガには天使が主をたたえて歌ったとある。上段の文字は「どのように天使が羊飼いたちに現れたのか」とある。

第四場面には東方の三人の王による礼拝の情景が描かれており、第四詩節の後半の内容に対応する。室内に聖母子と異国の王の姿がある。ひとりはひざまづいて贈り物をさしだし、ひとりは聖母子の頭上に輝く星を指さしている。上段の文字は「どのように三人の王がイエス・キリストに贈り物をしたのか」とある。

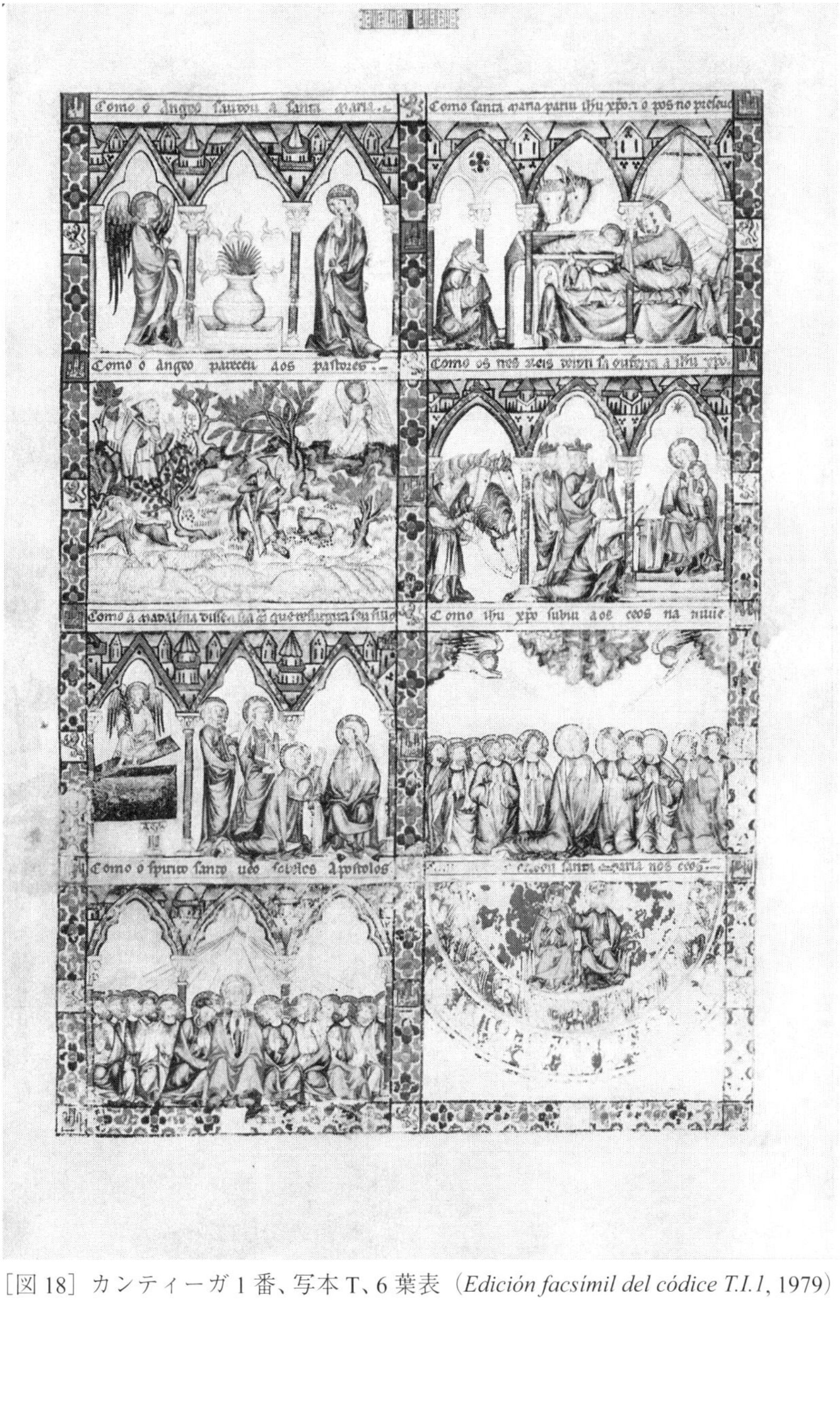

［図 18］カンティーガ 1 番、写本 T、6 葉表（*Edición facsímil del códice T.I.1*, 1979）

第五場面にはキリストの復活をマグダレナが聖母に告げるようすが描かれており、第五詩節の内容に対応する。聖母と、その前にひざまづいて手を合わせるマグダレナの姿がある。ふたの開いた棺があり、かたわらに天使がひかえている。上段の文字は「どのようにマグダレナが聖マリアに御子がよみがえったことを告げたのか」とある。

第六場面にはキリストの昇天の情景が描かれており、第六詩節の内容に対応する。聖母と使徒たちがそろって空を見上げ、雲間にキリストの足だけが見える。その両脇から天使が現れた。カンティーガには「このように彼は裁きに来るだろう」と告げた天使の言葉が記されている。上段の文字は「どのようにイエス・キリストが雲の中で天に昇ったのか」とある。

第七場面には聖霊降臨の情景が描かれており、第七詩節の内容に対応する。聖母を中央にして、手を合わせる使徒たちの姿がある。聖母の上に白い鳩が降り、光の筋を四方にそそいでいる。上段の文字は「どのように聖霊が使徒たちに臨んできたのか」とある。

第八場面には聖母の戴冠の情景が描かれており、第八詩節の内容に対応する。半円の二重の枠の中に天使が整列し、聖母に冠をかぶせる玉座のキリストの姿がある。この場面は色彩の剝落《はくらく》がいちじるしく、外枠の天使は羽がかろうじて識別できる。上段の文字は「どのようにイエス・キリストが天上で聖マリアに冠を授けたのか」とある。

以上のとおり、カンティーガ一番に語られ写本挿画に描かれた「七つの喜び」の場面は、〔一〕お告げ、〔二〕降誕、〔三〕羊飼いへの知らせと三人の王の礼拝、〔四〕キリストの復活、〔五〕昇天、〔六〕聖霊降臨、〔七〕

聖母戴冠であった。中世からこのかた、聖母の生涯における喜びの場面、あるいはこれと対をなす悲しみの場面を観想し、詩歌に記し絵に描くことがおこなわれてきた。その際に選択される場面とその数は時代や地域によってさまざまだった。

一三世紀のゴーティエ・ド・コワンシーの『聖母の奇跡集』は中世フランス語による「聖母の五つの喜び」を収めている。ここで語られるのは、お告げと降誕とキリストの復活と昇天と聖母戴冠である［Poquet, 1857, p.762］。時代が降ると、洗礼者ヨハネの母エリサベトをマリアが訪れる場面、幼子イエスを抱いてエルサレムの神殿に詣でる場面（いずれも『ルカによる福音書』に記事がある）などが加わっていく。これは現在もカトリック教会で受けつがれている。

一四世紀にバルセロナに近い聖地モンセラートにおいて聖母をたたえる詩歌集が編纂された。『朱《あか》い本』と通称され、中世カタルーニャ語による「聖母の喜びのバラード」を収めている。ここで語られるのは、［一］お告げ、［二］降誕、［三］三人の王の礼拝、［四］キリストの復活、［五］昇天、［六］聖霊降臨、［七］聖母戴冠である。［三］に羊飼いが登場しないことをのぞけば、記事はカンティーガ一番と変わりない。題辞に「七つの喜びを数えあげ、敬虔な歌で心優しい処女《おとめ》マリアを静かにたたえたい」とある。次のように歌われる［Gómez Muntané, 2017, p.137sq.］。

処女《おとめ》マリアよ、あなたは純潔で汚れなく身ごもり、
その前も後も罪に堕ちることがなかった。

主の御子はまことに敬虔な処女から生まれた。

処女マリアよ、東方の三人の王が勇ましくも馬に乗り、
星に導かれて、あなたのいるところにやって来た。
そしてあなたに黄金と乳香と没薬《もつやく》をささげたのである。

処女マリアよ、愛する御子の死を悲しんでいたが、
御子がよみがえったのを見て、喜びが戻ってきた。
恵み深い母であるあなたに、御子は最初に現れようとした。

処女マリアよ、五つ目の喜びは愛する御子からのもの。
オリーブ山で天に昇っていく御子をあなたは見たのだ。
あなたが祈ってくださるなら、誰もが喜びに満たされる。

処女マリアよ、聖霊降臨の日のあとで、使徒たちと
ほかの人々は、あなたとともにひとつになった。
欠けることなく、みなの上に聖霊が臨んだのである。

処女マリアよ、あなたの最後の喜びは地上にはない。
あなたの御子が勇ましくもあなたを天に導いた。
そこであなたはいつも冠をつけている。永遠の后よ。

六つの詩節の中に聖母の「七つの喜び」が配された。最初の詩節にお告げと降誕が合わせて語られる。『朱い本』の写本は一三九九年の成立とされるが、そのもとになった個々の詩歌には、かなり古い時代のものもあると考えられている［Gómez Muntané, 2017, p.32］。このバラードは題辞に「バイ・レドン」という言葉が添えてある。これは輪舞《ロンド》のことで、フランスからもたらされた舞踏の形式である。短い詩型がくりかえされるのは舞踏の曲だからか。

これは、あるいはアルフォンソ王のカンティーガに先立つ時代の姿を伝える作例かもしれない。カンティーガの表現はこのバラードにくらべてよほど洗練されている。それでいて聖母に寄せる信頼には絶大なものがある。天上で戴冠した聖母が「后と呼ばれ、娘とも、母とも、はしためとも呼ばれた。そのようなお方だからこそ、私たちを救ってくださるのだ」と語られたように。

六　信仰と芸術の一大集成

最後にカンティーガ一二〇番を読みたい。これは『賛歌集』の中で一〇番ずつ配された聖母の「賛美の歌」のひとつである。試訳を以下に示したい。

1　これは聖マリアをたたえるものである。
2　私を信じる者は誰もがたたえるだろう。
3　私たちを支えてくださる処女《おとめ》「マリア」を。
4　彼女がいなくては主にすがることもできず、
5　私を信じる者は誰もがたたえるだろう。
6　よりよくことをなすこともできず、
7　私を信じる者は誰もがたたえるだろう。
8　主の恵みを知ることもないだろうから。
9　それだから私は彼らにこう助言しよう。

私を信じる者は誰もがたたえるだろう……

何にもまして彼女に仕えるように。
その喜びから離れることがないように。
ほかの何よりも彼女を愛するように。
そうすることで賢明でいられるように。
私を信じる者は誰もがたたえるだろう……

なぜならば彼女のうちに大きなあわれみと
すぐれた力を見つけられるだろうから。
それによって心が満ち足りるあまり、
何も望むことがなくなるほどだろう。
私を信じる者は誰もがたたえるだろう……

わずか二〇行のカンティーガである。『賛歌集』でもっとも短いもののひとつで、短いだけになおのこと聖母を慕う思いが際立っている。エストリビージョを一行ごとにくりかえす。アルフォンソ王自身の作と考えられる二七九番とまったく同じ詩型である。

カンティーガ一二〇番は写本Tと写本Eに掲載されている。写本Tでは二葉を占め、はじめに一葉全部に楽譜が掲載され、詩句はすべて譜面に記してある［図19］。ついで挿画が掲載され、一葉全部を使って六つの場面が展開する［図2］。

第一場面には聖母子の前でくりひろげられる奏楽と舞踏の情景が描かれている。右端に聖母子、そのかたわらにひざまづく王の姿がある。左側の一団は音楽を奏でており、さまざまな種類の楽器を手にする。膝の上に乗せてかき鳴らす翼の形の撥弦楽器《はつげん》はサルテリオという［Ferreira, 2011, p.193］。となりの四角い楽器も同様で、いずれもギリシアの琴プサルテリオンを起源とする。木製の管楽器はオーボエのような形である。竪琴はロータと呼ばれ、ツィター・ハープの一種である。うしろの人が奏でるのは、弓で弾くビウエラ・デ・アルコである。三人で踊っているのは輪舞《ロンド》であろう。巡礼の道を通じてカスティーリャ・レオン王国にもたらされたのだろう。いずれも聖母子にささげられていることが王のしぐさで示される。

第二場面には玉座のキリストと使徒たちの姿が描かれている。第三場面にはキリストが後光《マンドルラ》に包まれ、最高位の天使セラフィムをしたがえた姿が描かれている。第四場面には聖母子像を礼拝する人々に聖職者が帯を授けるようすが描かれている。奇跡をもたらす聖遺物か。第五場面には聖母の被昇天の情景が描かれている。雲に乗る聖母はすでに冠をつけており、両脇に天に導く天使の姿がある。地上では人々が手を合わせてこの情景を見守る。上に位置する第三場面は天上のキリストが聖母を迎えるところであろう。第六場面にはふたたび聖母子像を礼拝する人々の姿が描かれている。ここではすべての場面がカンティーガの内容とは直接かかわっていない。むしろこれまでたどってきた聖母信仰のもっとも大事なものが集約し

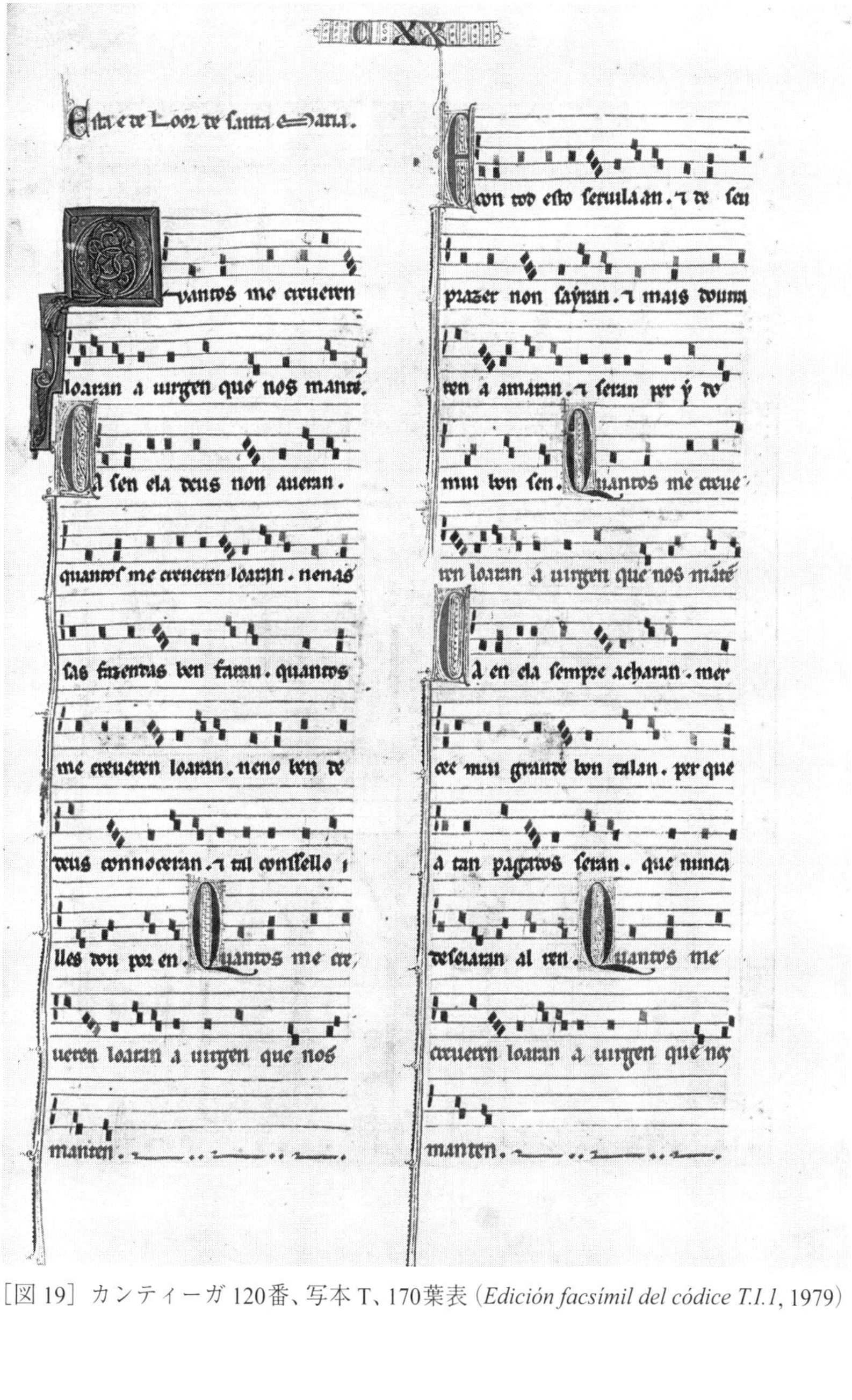

［図 19］カンティーガ 120番、写本 T、170葉表（*Edición facsímil del códice T.I.1*, 1979）

［図 20］カンティーガ 120 番、エル・エスコリアル写本 E、125 葉表（Anglés, *La música de las Cantigas*, I, 1943）

て示されたと言ってよい。

写本Eでは一二〇番は二葉を占める。はじめに小さな挿画が添えられ、声を和して弦楽器を奏でるキリスト教徒とイスラーム教徒らしき人が描かれている〔図20〕。写本Tの二葉とともに、あたかも聖母をたたえる文学と音楽と美術がそこに凝縮したかのようである。

アルフォンソ王の宮廷にはイスラーム教徒やユダヤ教徒の学者・芸術家が招かれ、キリスト教徒とともに活動していた。学芸を尊ぶ王のもとで翻訳や著述がおこなわれ、詩が作られ曲が奏でられた。多くのカンティーガがそこから語り出され、見事な挿画に飾られた写本に結実していく。こうして『聖母マリア賛歌集』は、中世イベリアの信仰と芸術の一大集成として私たちのもとに伝えられたのである。

あとがき

三〇年以上も前のこと、南フランスにあるカトリックの神学校で学んだ。先生はみな神父さんで、三〇人ほどの神学生といっしょに修道院のような校舎で暮らしている。神父になるために小さいころからラテン語に親しんでいる人たちばかりなので、こちらはまるで歯が立たない。そんなとき、エルネスト・ネグル先生が中世の俗語による聖母伝や聖者伝を読むことを勧めてくださった。フランスやスペインの古い言葉を学ぶのはヨーロッパ人でも大学で初歩から始める。ネグル先生は南フランスの言語の研究がご専門である。お年を召していて授業は担当していないけれど、同じ建物に寝起きしているから、いつも一対一で教えてくださった。夢のような時間だった。

帰国して地方の短期大学に就職がかなった。学んできたこととは全然関係のない授業を次から次へ、あれもこれも受け持つことになり、のちに移った大学でも変わりがなく、追われつづけて今日まで来た。心に思い描いたことなどいつのまにか忘れてしまったある日、スペインの古楽のCDを見つけた。異次元から響いてくるような調べを聴いていると、遠いかなたへ連れ去られる気がした。解説書に濱田滋郎氏のすばらしい訳詩が掲載されている。いつか原典を読んでみたいとずっと思いつづけてきた。

本書をサンパウロから出版できることを光栄に思う。南ヨーロッパの聖地についてつづった拙著『奇跡の泉へ』にひきつづき、誠意に満ちた編集をしてくださったサンパウロ図書グループの方々に心からお礼を申しあげたい。勤めている東洋大学ライフデザイン学部から出版助成をいただくことができた。教職員のみなさんに謝意を表したい。

二〇二〇年一月

菊地章太

参考文献

Aita, Nella, "O codice florentino das Cantigas de Affonso, o Sabio", *Revista de lingua portuguesa*, XIII, Río de Janeiro, 1921.

Albe, Edmond, *Les miracles de Notre-Dame de Rocamadour au XII*ᵉ *siècle*, Honoré Champion, Paris, 1907; complément par Jean Rocacher, Le Pérégrinateur, Toulouse, 1996.

Alcuinus, "Officia per ferias", *Patrologia latina*, CI, apud Migne editorem, Paris, 1851.

Alfonso X el Sabio, Las Cantigas de Santa María, edición facsímil del Códice T.I.1 de la Biblioteca de San Lorenzo el Real de El Escorial, siglo XIII, Edilán, Madrid, 1979.

Álvarez Díaz, Cristina, "La doctrina inmaculista en las Cantigas de Santa María de Alfonso X el Sabio", Francisco Javier Campos y Fernández de Sevilla, *La Inmaculada Concepción en España: religiosidad, historia y arte*, II, Istituto Escurialense de Investigaciones Históricas y Artísticas, El Escorial, 2005.

Anglés, Higinio, *La música de las Cantigas de Santa María, del rey Alfonso el Sabio*, 4 vol., Biblioteca Central, Barcelona, 1943, 1958.

Anselmus Cantuariensis, "Cur Deus homo", *Patrologia latina*, CLVIII, apud Migne editorem, Paris, 1862. 古田暁訳『アンセルムス全集』聖文舎、1980 年。

Ballesteros Beretta, Antonio, *Alfonso X el Sabio*, Salvat, Murcia, 1963; repr. El Albir, Barcelona, 1984.

Ballesteros Mateos, Juana, *El tratado De virginitate Sanctae Mariae de San Ildefonso de Toledo*, Estudio Teológico de San Ildefonso, Seminario Conciliar, Toledo, 1985.

Baños, Fernando, *Gonzalo de Berceo, Milagros de Nuestra Señora*, Biblioteca Clásica de la Real Academia Española, III, Galaxia Gutenberg, Barcelona, 2011. 太田強正訳「聖母の奇跡 I」神奈川大学人文学会『人文研究』183 号、2014 年。

Baric, Carolus, *Ioannes Duns Scotus doctor Immaculatae Conceptionis*, I, Academia Mariana Internationali, Roma, 1954.

Bartsch, Karl, *Chrestmachie provençale, X*ᵉ*-XV*ᵉ *siècles*, Elberfeld, Marburg, 4ᵉ éd., 1880.

Bassegoda i Hugas, Bonaventura, *Francisco Pacheco, Arte de la pintura*, Ediciones Cátedra, Madrid, 1990.

Benoit, Jean-Louis, *Le Gracial d'Adgar. Miracle de la Vierge, Dulce chose est de Deu cunter*, Brepols, Turnhout, 2012.

Bernardus Claraevallensis, "Epistola CLXXIV ad canonicos Lugdunenses", *Patrologia latina*, CLXXXII, apud Migne editorem, Paris, 1862.

Bloch, Oscar, et Wartburg, Walther von, *Dictionnaire étymologique de la langue française*, Presses Universitaires de France, Paris, 6e éd., 1975.

Cantigas de Santa Maria. Edición facsímile do códice de Toledo, Consello da Cultura Galega, Santiago de Compostela, 2003.

Carvalho da Silva, Joaquim, *Dicionário da língua portuguesa medieval*, Editora da Universidade Estadual de Londrina, 2a ed., 2001.

Cejador y Frauca, Julio, *Juan Ruiz, Arcipreste de Hita, Libro de buen amor*, II, Ediciones de la Lectura, Madrid, 1913.

Corti, Francisco, "Retórica visual en episodos biográficos reales ilustrados en las Cantigas de Santa María", *Historia, Instituciones, Documentos*, XXIX, Sevilla, 2002.

Davenson, Henri, *Les trouvadours*, Éditions du Seuil, Paris, 1961. 新倉俊一訳『トゥルバドゥール――幻想の愛』筑摩書房、1985 年。

Dronke, Peter, *Medieval Latin and the Rise of European Love-Lyric*, I, Oxford University Press, 1968. 瀬谷幸男監訳、和治元義博訳『中世ラテンとヨーロッパ恋愛抒情詩の起源』論創社、2012 年。

Eadmerus Cantuariensis, "Tractatus de conceptione beatae Mariae virginis", *Patrologia latina*, CLIX, apud Migne editorem, Paris, 1853. 矢内義顕他訳『修道院神学』中世思想原典集成 10、平凡社、1997 年。

El códice de Florencia de las cantigas de Alfonso X el Sabio: ms. B.R.20 de la Biblioteca Nazionale Centrale, Edilán, Madrid, 1991.

Fernandes Braga, Joaquim Teófilo, *Cancioneiro português da Vaticana, Edição crítica restituída sobre o texto diplomático de Halle*, Imprensa Nacional, Lisboa, 1878.

Fernández Fernández, Laura, y Ruiz Souza, Juan Carlos, *Alfonso X el Sabio, Las Cantigas de Santa María*, 2 vol., Patrimonio Nacional y Testimonio Compañía Editorial, Madrid, 2011.

Ferreira, Manuel Pedro, "A música no códice rico: formas e notação", Laura Fernández Fernández y Juan Carlos Ruiz Souza, *Alfonso X el Sabio, Las Cantigas de Santa María*, II, Patrimonio Nacional y Testimonio Compañía Editorial, Madrid, 2011.

Filgueira Valverde, José, *Alfonso X el Sabio, Cantigas de Santa María: códice rico de*

El Escorial, ms. escurialense T.I.1, Editorial Castalia, Madrid, 1985.

Flórez, Henrique, *España sagrada, Teatro geográfico-histórico de la iglesia de España*, V, Oficina de Antonéo Marin, Madrid, 1763; XXXIV, 1784.

García Gómez, Emilio, *Todo Ben Quzmān*, I, Biblioteca románica hispánica, IV, Gredos, Madrid, 1972.

García Solalinde, Antonio, "Intervención de Alfonso X en la redacción de sus obras", *Revista de filología española*, II, Madrid, 1915.

García Solalinde, Antonio, "El códice de Florencia y su relación con los demás manuscritos", *Revista de filología española*, V, Madrid, 1918.

Gómez Canseco, Luis, *Alonso Fernández de Avellaneda, Segundo tomo del ingenioso hidalgo don Quijote de la Mancha*, Real Academia Española, Madrid, 2014. 岩根圀和訳『贋作ドン・キホーテ』筑摩書房、1999 年。

Gómez Muntané, Maricarmen, *El Llibre Vernell. Cantos y danzas de fines del Medioevo*, Fondo de Cultura Econónica, Madrid, 2017.

Gonçalves Coelho, José-Julio, *Notre-Dame de Roc-Amadour en Portugal, son culte, hôpitaux et hôtelleries*, Imprimerie Roche, Brive, 1912.

González Jiménez, Manuel, *Diplomatario andaluz de Alfonso X*, Caja de Huelva y Sevilla, Fundación el Monte, Sevilla, 1991.

González Jiménez, Manuel, *Alfonso X el Sabio*, Editorial Ariel, Barcelona, 2004.

González Jiménez, Manuel y Carmona Ruiz, María Antonia, *Documentación e itinerario de Alfonso X el Sabio*, Universitad de Sevilla, 2012.

Grange, La marquis de la, "Voiatge à Saint Jacques en Compostelle et à Nostre Dame de Finibus Terre", *Voyaige d'oultremer en Jhérusalem*, Auguste Aubry, Paris, 1858.

Gregorius magnus, "Dialogorum liber IV de vita et miraclulis patrum Italicorum", *Patrologia latina*, LXXVII, apud Garnier fratres, Paris, 1896.

Guerrero Lovillo, José, *Las Cantigas de Santa María. Estudio auqueológico de sus miniaturas*, Madrid, 1949.

Herbers, Klaus, y Santos Noia, Manuel, *Liber sancti Jadobi, Codex Calixtinus*, Edita Xunta de Galicia, Santiago de Compostela, 1998.

Hildefonsus Toletanus episcopus, "De virginitate perpetua Sanctae Mariae adversus tres infideles", *Patrologia latina*, XCVI, apud Migne editorem, Paris, 1862.

Jeanroy, Alfred, *Les origines de la poésie lyrique en France au moyen âge, Études de littérature française et comparée*, Librairie Hachette, Paris, 1889.

Koenig, Vernon Frederic, *Gautier de Coinci, Les miracles de Nostre Dame*, I, Textes littéraires français, LXIV, Librairie Droz, Genève, 1955.

Kunstmann, Pierre, *Adgar, Le Gracial*, Université d'Ottawa, Ottawa, 1982.

Lamy, Marielle, *L'Immaculée Conception: Étapes et enjeux d'une controverse au moyen âge (XIIe-XVe siècles)*, Institut d'Études Augustiennes, Paris, 2000.

Lanciani, Giulia, e Tavani, Giuseppe, *Dicionário da literatura medieval galega e portuguesa*, Editorial Caminho, Lisboa, 1993.

Lapesa, Rafael, *Historia de la lengua eapañola*, Gredos, Madrid, 9ª ed., 1981. 山田善郎監修、中岡省治、三好準之助訳『スペイン語の歴史』昭和堂、2004 年。

Leão, Maria Dulce, "Notre Dame dans la littérature portugaise", Hubert du Manoir, *Maria, Études sur la Sainte Vierge*, II, Beauchesne, Paris, 1952.

Lévi-Provençal, Évariste, *Histoire de l'Espagne musulmane*, III, *Le siècle du califat de Cordoue*, Adrien Maisonneuve, Paris, 1953; éd. Maisonneuve et Larose, 1999.

Llorens Herrero, Margarita, y Catalá Gorgues, Miguel Ángel, *La Inmaculada Concepción en la historia, la litteratura y el arte del pueblo Valenciano*, Generalitat Valenciana, Conselleria de Cultura, Valencia, 2007.

López Estrada, Francisco, "La lírica medieval", *La cultura del románico, siglos XI al XIII. Letras, religiosidad, artes, ciencia y vida*, Historia de España Menéndez Pidal, XI, Espasa Calpe, Madrid, 1995.

Maeterlinck, Maurice, "Sœur Béatrice, miracle en trois actes", *Théâtre*, III, P. Lacomblez, Bruxelles /Per Lamm, Paris, 1901. 鷲尾浩他訳『マーテルリンク全集』第 4 巻、冬夏社、1920 年。

Mariño Ferro, Xosé Ramón, *Leyendas y milagros del camino de Santiago*, Ellago Ediciones, Pontevedra, 2011. 川成洋監訳、下山静香訳『サンティアゴ巡礼の歴史――伝説と奇蹟』原書房、2012 年。

Marmol, Boniface del, *La première apologie du dogme de l'Immaculée Conception. La Conception Immaculée de la Vierge Marie (De conceptione sanctae Mariae) par Eadmer moine de Cantorbéry (1124)*, Abbaye de Maredsous, Desclée de Brouwer, Lille / P. Lethielleux, Paris, 1923.

Martín Rodríguez, José Luis, "Los milagros de la Virgen: versión latina y romance", *Espacio, Tiempo y Forma*, serie III, Historia medieval, XVI, Universidad Nacional de Educación a Distancia, Madrid, 2003.

Martínez Gázquez, José, "El uso simbólico-alegórico de los números en el *Planeta*

(1218) de Diego García de Campos", *Butlletí de la Reial Acadèmia de Bones Lletres de Barcelona*, L, Barcelona, 2006.

Matsumura Takeshi, *Dictionnaire du français médiéval*, Les Belles Lettres, Paris, 2015.

Melo Neto, Ivo Correia de, "Peregrinos y santuarios en las Cantigas de Santa María", *Temas medievales*, XVIII, Buenos Aires, 2010.

Menéndez Pidal, Gonzalo, "Los manuscritos de las Cantigas. Cómo se elaboró la miniatura alfonsí", *Boletín de la Real Academia de la Historia*, CL, Madrid, 1962.

Menéndez Pidal, Gonzalo, *La España del siglo XIII leida en imagines*, Real Academia de la Historia, Madrid, 1986.

Menéndez Pidal, Ramón, "Poesía árabe y poesía europea", *Bulletin hispanique*, XL, Bordeaux, 1938.

Menéndez Pidal, Ramón, "La primitiva lírica europea. Estado actual del problema", *Revista de filología española*, XLIII, Madrid, 1960.

Mettmann, Walter, *Afonso X, o Sábio, Cantigas de Santa Maria*, 4 vol., Acta universitatis Conimbrigensis, Universidade de Coimbra, 1959, 1961, 1964, 1972.

Mettmann, Walter, *Alfonso X el Sabio, Cantigas de Santa María*, 3 vol., Editorial Castalia, Madrid, 1986, 1988, 1989.

Montaner, Alberto, *Cantar de mio Cid*, Real Academia Española, Galaxia Gutenberg, Barcelona, 2011.

Niederehe, Hans-Josef, "Lenguas peninsulares en tiempos de Alfonso X", *Boletín de la Sociedad española de historiografía lingüística*, VI, Volladolid, 2008.

Nodier, Charles, *Légende de sœur Béatrix*, Maurice Glomeau, Paris, éd.1924.

Nösges, Nikolaus, und Schneider, Horst, *Caesarius von Heisterbach, Dialogus miraculorum, Dialog über die Wunder*, III, Brepols, Turnhout, 2009.

O'Callaghan, Joseph, *El rey Sabio, el reinado de Alfonso X de Castilla*, Universidad de Sevilla, 1996.

Ortiz de Zúñiga, Diego, *Annales eclesiásticos y seculares de la muy noble y muy leal ciudad de Sevilla*, I, Imprenta Real, Juan García Infanzón, Madrid, 1677, ed. 1795.

Pacheco del Río, Francisco, *Arte de la pintura, su antigüedad y grandezas*, Simon Faxardo, Sevilla, 1649.

Paz y Meliá, Antonio, "Códices de las Cantigas de Santa María", El maruqués de Valmar (ed.), *Cantigas de Santa María de Don Alfonso el Sabio*, I, Real Academia Española, Madrid, 1889.

Pérez Algar, Félex, *Alfonso X, el Sabio, biografía*, Studium Generalis, Madrid, 1997.

Petrus Damianus, "Sermo in Epiphania Domini", *Patrologia latina*, CXLIV, apud Migne editorem, Paris, 1862.

Poncelet, Albert, "Miraculorum beatae virginis Mariae quae saec. VI-XV latine conscripta sunt", *Analecta Bollandiana*, XXI, Bruxelles, 1902.

Poquet, L'abbé, *Gautier de Coincy, Les miracles de la Sainte Vierge*, Parmantier et Didron, Paris, 1857.

Ramírez Pascual, Tomás, "Los miraglos de Santiago y la tradición oral medieval", *Scripta fulgentina, Revista de teología y humanidades*, V, Murcia, 1995.

Ramírez Pascual, Tomás, "Miragros de peregrinos a Santiago, Edición, traducción y estudio de la narración de varios «Miragros de peregrinos» conservada en un códice del Archivo de la catedral de Santo Domingo de la Calzada", *Berceo, Revista riojana de ciencias sociales y humanidades*, CXLVI, La Rioja, 2004.

Réau, Louis, *Iconographie de l'art chrétien*, III/2, Presses Universitaires de France, Paris, 1958.

Ribera y Tarrago, Julián, "La música de las Cantigas, un estudio sobre su origen y naturaleza", El maruqués de Valmar, *Cantigas de Santa María de Don Alfonso el Sabio*, III, Real Academia Española, Madrid, 1922.

Riera Estarellas, Antoni, "La doctrina inmaculista en los orígenes de nuestras lenguas romances", *Estudios marianos*, XVI, Madrid, 1955.

Rivera Recio, Juan Francisco, *San Ildefonso de Toledo. Biografía, época y posteridad*, Biblioteca de Autores Cristianos, Madrid, 1985.

Rocacher, Jean, *Rocamadour et son pèlerinage: Étude historique et archéologique*, Edouard Privat, Toulouse, 1979.

Rodrigo Cerratense, "Vita Sancti Hildefonsi Toletani archiepiscopi", *Patrologia latina*, XCVI, apud Migne editorem, Paris, 1862.

Rychner, Jean, *La chanson de geste: Essai sur l'art épique des jongleurs*, Droz, Genève, 1955.

Sánchez Silva, José María, *Marcelino, pan y vino*, Espasa-Calpe, Madrid, 1991.

Santos Otero, Aurelio de, *Los evangelios apócrifos*, Biblioteca de Autores Ceistianos, Madrid, 1956.

Serrano, Luciano, *Poema de Fernán González*, Junta del milenario de Castilla, Artes Gráficas Sol, Madrid, 1943.

Souto Cabo, José António, "*In capella domini regis, in ulixbona* e outras nótulas trovadorescas", Antonia Marténez Pérez y Ana Luisa Baquero Escudero, *Estudios de literatura medieval: 25 años de la Asociación Hispánica de Literatura Medieval*, Universidad de Murcia, 2012.

Symeon Metaphrastes, "Martyrium sanctae et magnae martyris Aecaterinae", *Patrologia graeca*, CXVI, apud Migne editorem, Paris, 1862.

Tischendorf, Constantinus, *Apocalypses evangeliae item Mariae dormitio*, Hermann Mendelssohn, Leipzig, 1866.

Tischendorf, Constantinus, *Evangelia apocryhpa adhibitis plurimis codicibus graecis et latinis*, Hermann Mendelssohn, Leipzig, ed. altera, 1876.

Valenzuela García, Catalina María, "La festivad de la Inmaculada Concepción en las monjas jerónimas cordobesas durante la edad moderna", Estudios Superiores del Escorial, *La Inmaculada Concepción en España: religiosidad, historia y alte*, I, Instituto Escurialense de Investigaciones históricas y artísticas, Ediciones Escurialenses, Madrid, 2005.

Valmar, El maruqués de, *Cantigas de Santa María de Don Alfonso el Sabio*, 3 vol., Real Academia Española, Madrid, 1889.

Vega, Luis de la, *Historia de la vida y milagros de Santo Domingo de la Calçada*, Juan Bautista Varesio, Burgos, 1606.

Videira Lopes, Graça, *Cantigas medievais galego-portuguesas: Corpus integral profano*, 2 vol., Biblioteca Nacional de Portugal, Lisboa, 2016.

Vielliard, Jeanne, *Le guide du pèlerin de Saint-Jacques de Compostelle*, Protat Frères, Macôn, 1978.

Vincentius Bellovacensis, *Speculum historiale, Patrologia latina*, CLXIII, Apud Migne editorem, Paris, 1892.

Vogüé, Adalbert de, *Grégoire le Grand, Dialogues*, III, Sources chrétiennes, Les Éditions du Cerf, Paris, 1980.

Weber, Robertus, *Biblia sacra iuxta Vulgatam versionem*, II, Deutsche Bibel-gesellschaft, Stuttgart, 3.Auf., 1985.

Zixilanes, "Vita vel gesta sancti Hildefonsi Toletani episcopi", *Patrologia latina*, XCVI, apud Migne editorem, Paris, 1862.

浅野ひとみ『スペイン・ロマネスク彫刻研究――サンティアゴ巡礼の時代と美術』九州大学出版会、2003 年。

(8)

池上岑夫『ポルトガル語とガリシア語——その成立と展開』大学書林、1984 年。

菊地章太『奇跡の泉へ——南ヨーロッパの聖地をめざして』サンパウロ、2006 年。

杉谷綾子『神の御業の物語——スペイン中世の人·聖者·奇跡』現代書館、2002 年。

永川玲二『アンダルシーア風土記』岩波書店、1999 年。

濱田滋郎『スペイン音楽のたのしみ』音楽之友社、新版、2013 年。

柳宗玄『サンティヤーゴの巡礼路』柳宗玄著作選 6、八坂書房、2005 年。

著者略歴

菊地　章太（きくち　のりたか）

一九五九年、横浜市生まれ。筑波大学卒業後、トゥールーズ神学大学高等研究院留学。東洋大学教授。文学博士。著書に『奇跡の泉へ――南ヨーロッパの聖地をたずねて』（サンパウロ）、『姿を変えたキリスト――みなし子を育てたシスターたち』（春風社）、『ユダヤ教　キリスト教　イスラーム』『エクスタシーの神学』（以上、ちくま新書）、『悪魔という救い』（朝日新書）、『魔女とほうきと黒い猫』（角川ソフィア文庫）ほか。

聖母《せいぼ》マリアのカンティーガ
——中世《ちゅうせい》イベリアの信仰《しんこう》と芸術《げいじゅつ》——

著者——菊地　章太

発行所——サン パウロ

〒160−0011 東京都新宿区若葉 1−16−12
宣教推進部（版元） Tel. (03) 3359−0451　Fax. (03) 3351−9534
宣教企画編集部　 Tel. (03) 3357−6498　Fax. (03) 3357−6408

印刷所——日本ハイコム㈱

2020 年 1 月 30 日　初版発行

ISBN978−4−8056−4835−3　C0016（日キ販）
落丁・乱丁はおとりかえいたします。